영어 글쓰기
핸드북

The Handbook of English Essay-Writing: From College Essays to Graduate Papers
영어 글쓰기 핸드북
대학 에세이부터 대학원 논문까지

초판 1쇄 발행 2023년 4월 20일
개정판 1쇄 발행 2025년 4월 10일

지은이 윤사라
펴낸이 장길수
펴낸곳 지식과감성#
출판등록 제2012-000081호

주소 서울시 금천구 벚꽃로298 대륭포스트타워6차 1212호
전화 070-4651-3730~4
팩스 070-4325-7006
이메일 ksbookup@naver.com
홈페이지 www.knsbookup.com

ISBN 979-11-392-2547-1(03740)
값 12,000원

- 이 책의 판권은 지은이에게 있습니다.
- 이 책 내용의 전부 또는 일부를 재사용하려면 반드시 지은이의 서면 동의를 받아야 합니다.
- 잘못된 책은 구입하신 곳에서 바꾸어 드립니다.

지식과감성#
홈페이지 바로가기

개정판

영어 글쓰기 핸드북

대학 에세이부터
대학원 논문까지

윤사라 지음

지식과감성#

CONTENTS

인사말   6

part 1   영어 글쓰기란 무엇인가?   9

1-1 영문화권에서의 영어 에세이   10
1-2 영어 에세이의 기초 지식   11
1-3 영어 에세이에 관한 오해   15

part 2   영어 글쓰기 중 범하는 흔한 표현 실수   23

2-1 너무 짧은 문장은 지양하자   24
2-2 되도록 질문을 피하기   25
2-3 수동태 피하기   27
2-4 많은 명사보다 동사를 사용하기   30
2-5 문장의 주요 내용을 앞으로 배치하기   32

part 3   기본 에세이 구조   35

3-1 문단 구조   38
3-2 서론   46
3-3 주제문(thesis statement)   52
3-4 개요(outline)   54
3-5 결론(conclusion)   56
3-6 에세이 작성 준비 단계   58

part 4   근거를 제시하고 분석하기   63

4-1 보도 자료/기사   66
4-2 글 형식의 근거 (소설, 이론, 철학 등)   67

4-3 효과적인 글 형식의 근거 인용　　　　72
4-4 데이터 형태의 근거　　　　　　　　　73
4-5 인용문 수정 필요시　　　　　　　　　75

part 5 유용한 표현 및 tone　　　　79

5-1 의미 명시　　　　　　　　　　　　　80
5-2 접속사　　　　　　　　　　　　　　81
5-3 에세이의 어조(tone)　　　　　　　　85

part 6 학문적 형식 갖추기　　　　89

6-1 에세이 형식　　　　　　　　　　　　92
6-2 인용 형식　　　　　　　　　　　　　93
　　6-2-1) MLA　　　　　　　　　　　　94
　　6-2-2) Chicago style　　　　　　　　97
　　6-2-3) APA style　　　　　　　　　　99
　　6-2-4) 논문 예시　　　　　　　　　101
6-3 표절 방지법　　　　　　　　　　　103

part 7 논문에 대한 기본 지식　　　　107

7-1 논문과 에세이의 차이점　　　　　　108
7-2 저널 편집장의 마음 읽기　　　　　　109
7-3 논문 작성 팁　　　　　　　　　　　111
7-4 논문 투고 시 checklist　　　　　　　115

결론　　　　　　　　　　　　　　　　118

| 인사말 |

　이 책은 대학에 입학하여 처음 마주한 영어 글쓰기에 어려움을 느끼는 학생들을 위한 기본적인 지식과 꿀팁, 더 나아가 논문을 작성하는 대학원생에게까지 도움이 되는 용법을 소개하고 있다. 이 책의 목적은 저자가 영어 글쓰기 수업을 하면서 얻은 경험을 바탕으로, 많은 한국 학생들이 시험이 아닌 에세이와 논문에 사용되는 영작문에 익숙지 않다는 문제를 보완해 주는 것이다. 이런 문제는 대학에 입학하여 본격적으로 외국어 강의에서 영어 에세이 과제 등을 수행할 때 드러나게 된다. 특히 대학원에 진학하여, 국제적 학술지에 영어 논문을 투고해야 할 때 많은 어려움을 겪게 된다. 이 책은 시중의 많은 영어 교재가 다루는 영어 점수 향상, 언어 능력 습득에 초점을 두기보다는 영어로 완결성 있는 하나의 에세이를 쓰는 방법을 위주로 한다.

　영어 글쓰기에 익숙지 않으면, 글을 어떻게 구성하고, 문장의 tone은 어떻게 잡아야 하는지 모르는 경우가 대부분이다. 국제 학교에 다녔거나 해외에서 유학한 학생이 아닌 이상, 일반적인 서구권 중고등학생들이 배우는 영어 글쓰기의 배경지식에 대해 모르는 경우도 많다. 객관식 위주 및 약간의 주관식 시험에 익숙한 한국 교육 문화 속에서 에세이를 잘 쓰는 것은 쉽지 않다. 에세이를 잘 쓰기 위해서는 본인의 창의적인 생각과 독창적인 정보 제시 방법, 근거에 기초한 논리, 호감을 끄는 서론, 정리가 잘 된 결론을 만들어 내는 능력이 요구된다. 그렇기 때문에 제1장에서 영어권 에세이의 목적이 무엇인지 다루고, 한국 학생들의 많은 오해를 풀어 보고자 한다.

대학원생은 주로 7장에 관심을 가지겠지만, 제3장부터 천천히 읽어 보는 것을 추천한다. 그 이유는 학부를 졸업했더라도 에세이의 기본적인 구조나 글쓰기 방식을 모를 수 있기 때문이다.

이 책은 영어 글쓰기에 관한 기본 지식을 전달할 뿐, 각 분야에 적합한 에세이 쓰는 스타일이나 방식을 섬세하게 다루지는 않았다. 그러나 어떤 분야의 영어 글쓰기를 하든지 기본적으로 알아야 할 요소들이 있고, 이런 기본기를 갖추고 글을 써야 독자에게 자신의 의견과 결과들을 명확히 전달할 수 있다. 이 책은 영어 글쓰기의 단순 기초 단계 구성에 도움을 준다. 그렇기에 자신의 분야에서 전문적인 영어 글쓰기를 할 때는 그 분야의 좋은 글을 읽으며 꾸준한 노력을 기울여야 한다. 이 책이 영어 글쓰기가 필요한 많은 한국 학생들에게 좋은 지침서가 되기를 바란다.

part 1

영어 글쓰기란
무엇인가?

1-1
영문화권에서의 영어 에세이

   영어 에세이를 이해하기 위해서는 영어권의 교육 문화를 이해해야 한다. 한국은 유교 문화를 따라서 기존 제도와 시스템 내에 잘 적응하고 정답을 가르치는, 다소 능력주의적이고, 권위적인 분위기라면, 서구권 교육 문화는 각 개인의 능력과 창의성을 발전시키려는 분위기가 크다. 어떤 문화가 더 낫다를 떠나, 이 차이점을 알고 있어야 영어 에세이의 목적을 더 잘 이해할 수 있다.

   영어 에세이는 고대 그리스의 수사학과 연설에 영향을 받아 토론과 논쟁으로 사람을 설득시키는 문화가 담겨 있다. 따라서 영어 에세이의 목적은 독자에게 가르치거나 지시하는 것이 아니라 상대를 설득하고, 문제를 바라보는 새로운 관점을 부여하는 것이다. 저자는 독자보다 더 높은 위치에 있는 것이 아니라 동등한 위치에서 토론에 참여하는 자이다. 독서 후 작성하는 영어 에세이, 영어 독후감의 참 목적은 단순히 학생으로서 읽은 책 내용을 알고 있다는 것을 증명하기 위함이 아니라, 책 내용과 관련된 문제나 주제에 관한 토론에 참여하고 더 나은 방법이나 견해를 제시하는 것에 있다. 특히, 미국 대학에서는 에세이를 통해 대화에 참여하는 것을 강조하는데, 이를 통해 타인의 생각을 바꾸기도 하고, 새로운 대안을 제시하기도 한다. 이런 개방적인 분위기는 참여 민주주의와 합리적인 시민 문화를 키운다는 생각을 전제로 한다. 토론을 통해 다수가 합의하고, 상대를 설득시킬 때 다양한 구성원들이 살아가는 사회가 더 나은 방향으로 발전할 수 있다는 자유주의적인 이념에 기반한 것이다.

한국 교육 문화와 달리, 영어 에세이는 자유주의적인 문화에서 나왔고 사람이 스스로 생각을 표현하고 탐구함으로써 계몽을 얻을 수 있다는 생각에 전제한다. 20세기에 들어와, 이런 논리적인 토론 문화는 전체주의와 권위주의를 막는 중요한 역할을 한다. 건강한 민주주의를 위해서 개인의 독립적인 이성과 합리적인 시민 의식, 비판적인 사고가 필요하다는 생각이 더욱더 자리 잡게 되었다.

1-2
영어 에세이의 기초 지식

이러한 영어권 문화의 배경하에 각 에세이가 갖춰야 할 기본 요소를 소개한다. 학술 논문 또한 이러한 기본적 요소를 갖춰야 한다. 여기서 제외되는 에세이 형식은 흔치 않은 선행 연구 정리(literature review) 혹은 묘사식 에세이(descriptive essay)다.
㉠ 주제에 관한 저자의 의견이나 입장

❷ 충분한 근거와 분석 (예: 실험, 자료 분석, 데이터, 철학 이론 등)
❸ 기존 유사 주제의 문헌에 관련된 의견과의 비교

❶과 ❷을 결합하면 영어로 흔히 부르는 주장(argument)이 된다. 거의 모든 영어 에세이에는 이 argument가 핵심이다. 작성한 에세이에 저자 본인의 입장이나 의견이 뚜렷하게 제시되지 않았다면, 가장 중요한 걸 놓친 것이다. ❸은 주제와 관련된 문헌 분석을 통하여 다른 의견과의 차이점을 밝히며 novelty를 제시하거나, 자신의 의견을 뒷받침하는 근거로 활용할 수 있다.

다시 한번 정리하면 영어 에세이의 필수 요소는 아래와 같다.
❶ 새로운 의견과 이를 뒷받침하는 근거
❷ 기존 문헌에 관련된 분석

*Argument란?
앞에 설명한 대로, 모든 에세이는 ❶ 새로운 저자 의견과 ❷ 기존 문헌에 관한 해석이 포함되어야 한다. 여기서 argument는 한 주제에 관한 저자의 의견이다. 여러 생각을 제시해도 되지만, 인상적인 한 가지 요약문이 나오는 것이 바람직하다. 즉, 에세이를 작성하며 전체적인 분량이 길어질지라도 이를 한두 문장으로 정리할 수 있어야 한다. 이에 대한 상세한 내용은 3-1장에서 다룰 에세이 구조 내의 thesis

statement가 된다.

    만약 에세이를 작성한 뒤 한 가지 요약문이 생각나지 않는다면 아직 미완성의 에세이라 볼 수 있다. 에세이 안에서는 많은 글을 쓴다고 생각할 수 있으나, 실상 전달하는 주된 내용은 한 가지가 있어야 한다.

Argument의 예시

As climate change has intensified over the years, large corporations should take a more proactive role in reducing their emissions.
기후 변화가 수년에 걸쳐 악화됨에 따라 대기업은 배출량을 줄이기 위해 보다 적극적인 역할을 해야 한다.

The main reason for this polarization, I argue, is the spread of misinformation through social media and digital platforms.
이러한 양극화의 주원인은 소셜 미디어와 디지털 플랫폼을 통한 잘못된 정보의 확산이라고 생각한다.

Our research suggests that fine particulate matter is absorbed into the fetus's blood from as early as the first trimester.
본 연구에서는 초미세먼지는 임신 초기부터 태아의 혈액으로 흡수됨을 보여 준다.

다시 말해 argument나 thesis는 전체 에세이 내용을 집약하는 핵심 내용이다. 만일, 독자가 에세이를 읽고 많은 정보를 접해도, 저자의 인상적인 의견이나 연구 결과를 찾지 못한다면 이는 좋은 에세이라 보기 어렵다. 대개 독자는 모든 내용을 이해하고 소화하기보다는 기억에 남는 한 가지 주장만 기억하고, 이에 대한 근거와 해석을 따라 설득되기도 하며, 그렇지 않을 수도 있다. 결국, 에세이는 영어 실력을 드러내는 것이 아니라 저자의 의견과 근거 제시를 효과적으로 전달하는 수단이 되어야 한다. 위의 예시와 같이 분야에 따라 argument의 형식은 다를 수 있겠지만, 독자가 이를 쉽게 발견하고 찾을 수 있어야 한다.

*인문사회과학 분야

당연할 수 있겠지만, 인문사회과학 분야의 argument의 근거는 개인의 편견이나 감정적이어서는 안 되고, 설득될 만한 자료, 이론, 데이터에 근거해야 한다. 아무리 개인주의적인 문화라 할지라도 에세이는 토론에 참여하는 만큼 합의 가능한 근거, 최소한의 논리를 갖춘 입장을 제시해야 한다.

1-3
영어 에세이에 관한 오해

영어 에세이가 가져야 할 주요 내용을 다뤘으니 이제 한국 학생들이 갖는 흔한 오해에 대하여 다루고자 한다.

1) 에세이로 정답을 안다는 것을 보여 주자?

사실상 토론 문화에 A 또는 B라는 한 가지 정답이 있기보다는 다양한 방법이나 관점을 논의하는 것을 전제한다. 따라서 에세이에는 더 설득력 있는 의견과 더 논리적인 견해가 있을 뿐이다. 그리고 이는 더 나은 근거가 보강됨에 따라 발전될 수 있다.

무엇보다 제1-2장에서 소개한 argument, 즉 새로운 내용이 생략되어서는 안 된다. 새로운 내용이 없는 에세이는 전반적인 가치가 떨어진다. 새로운 관점이나 의견이 없다면, 그 에세이는 이미 알려진 내용을 전달하는 수준에 그치기 때문에 토론에 참여했다고 보기 어렵다. 저자의 의견이나 입장이 명확하지 않다면, 에세이를 작성할 이유도, 이를 읽어야 할 이유도 떨어진다. 따라서 에세이 형식의 과제가 주어졌다면 이는 주어진 주제와 이와 관련된 문헌을 바탕으로 자신만의 추가적인 고민과 의견을 내라는 암묵적인 기대라고 이해하면 된다.

2) 학생이니까 주장을 조심스럽게 드러내야 한다?

영어권 나라는 위계질서가 강하지 않고 학문에서는 학생도 이성적으로 동등한 개인으로 여겨진다. 물론, 많은 경험과 지식을 갖춘 교수님과 이제 갓 입학한 신입생 사이에는 지식적으로 간극이 있으나, 주어진 근거나 자료에 기초한 다양한 의견을 자유롭게 낼 수 있다. 따라서 장유유서의 유교적 관점에서 학생으로서 주장을 너무 소극적으로 제시한다면 이를 독자가 찾거나 이해하기 어려울 수 있다. 생각보다 영어 에세이에서 언어는 꽤 직설적이다. 예를 들어, 흔히 사용한 표현 중에 아래와 같은 형식이 있다.

> In this paper, I argue that…
> This article proposes that…
> I/We suggest that…

이 또한 thesis statement를 소개할 때 자주 쓰는 형식이다.

이렇게 쓰는 이유는 독자에게 명확하게 의미 전달하기 위함이다. 바쁜 교수님이나 독자에게 망설이는 듯하고 불분명한 에세이가 아니라 나의 의견이 명확한 목적과 메시지가 있는 에세이를 작성하는 것이 좋다. 반면, 에세이 내에 이런저런 이야기를 중구난방으로 하면 에세이를 읽는 수고가 더해지고, 저자의 의견도 왜곡될 수 있다.

한국 학생들은 대개 교수님께서 내어 준 자료의 저자나 선행 연구자를 아주 조심스럽게 대하고 비판하지 않으려고 한다. 물론, 논리 없이 이런 주장에 대하여 비판하면 안 되겠지만, 본인의 의견을 뚜렷하게 드러내고, 이에 대한 논거를 충분히 확보하는 것에 집중하는 것이 좋다.

3) 자신감 있어 보이기 위해 어떤 수단이든 상관이 없다?

제3-3장에서 tone에 대해 자세히 다루겠지만, 너무 소심하게 의견이나 입장을 밝히는 것도 좋지 않다. 물론 너무 공격적인 것도 좋지 않다. 다른 자료 저자나 선행 연구들을 필요 이상으로 비하하거나 비난하는 것은 저자의 인격이나 편견을 의심하게 만들어 나의 주장의 신뢰도를 잃게 만들 수 있다. 특히, 학생인 경우 더욱 자료의 저자나 연구자를 감정적으로 비난하는 것은 좋아 보이지 않다. 따라서 저자는 자기주장을 명확한 어조로 표현하되 이를 다른 사람의 주장과 의견을 깎아내리면서 달성하고자 해서는 안 된다.

다른 자료들의 저자나 연구자들의 의견을 존중하면서 사용할 수 있는 표현들에는 아래와 같은 것이 있다.

> ❶ However, this research does not take into account the limitations of…
> 그러나, 이 연구는 … 의 한계를 고려하지 않는다.
>
> ❷ What the author does not mention, however, is …
> 그러나, 저자가 언급하지 않은 것은…
>
> ❸ While this idea may have been relevant twenty years ago when it was proposed, recent events have challenged the view that…
> 이 주장이 20년 전에는 관련성이 있었을지 모르겠지만 최근의 사건은 이 견해를 정면으로 반박한다.

자료 저자가 누락한 부분이라든지, 어떤 상황에서 그의 주장이 적용되지 않는다든지, 시간이 많이 흘러, 새로운 환경을 고려한 이해가 필요하다든지 하는 상황이라면 저자의 의견을 존중하면서도 동의하지 않을 수 있다. 그러나 참고 문헌의 저자나 연구자의 지성 및 인격까지 공격하는 것은 무례한 행동이다. 사람의 존엄성을 공격하지 않아도 같은 주제에 더 나은 해석이나 해결책이 있음을 제안할 수 있다.

결국 에세이를 통해 저자는 우월함을 드러내려는 것이 아니라, 더 나은 해석이나 이해를 얻기 위해야 한다. 넓은 의미에서는 지난 자료의 저자를 연구자와 마찬가지로 같은 주제에 대하여 고민하고, 더 나은 해석을 제안하고자 하는 동료로서 생각할 수 있다.

4) 에세이 저자는 교수님이 기대하는 수준만 맞추면 된다?

물론 수업을 듣는 학생에게 해당되는 것이지만, 사실상 이 글을 읽게 되는 주요 독자인 교수님은 새로운 내용이나 의견을 기대하고 환영한다. 그 이유는 학생의 에세이가 이미 아는 내용에 불과하다면 그것을 읽는 재미나 흥미가 떨어지기 때문이다. 만약에 저자가 새로운 내용, 새로운 해석이나 관점을 제시한다면 많은 에세이 중, 훨씬 기억에 남게 되기 때문에 차별화될 수 있다. 그러나 안전하게 교수님이 기대하는 수준의 에세이만 작성한다면 별다른 인상이 남지 않을 수 있다. 인상적이고 논리적인 설득력을 갖춘 에세이는 좋은 에세이이고, 이는 학생의 고민과 노력들을 충분히 드러내어 준다. 따라서 에세이를 작성할 때는 조금 더 노력하여 기대 이상의 뚜렷한 주장과 근거를 제시한다면 좋은 학점과 결과를 얻을 수 있을 것이다. 물론, 단순히 인상을 남기려고 에세이의 형식을 파괴하거나, 근거 없는 주장을 남발하는 것은 지양해야 한다.

5) 에세이는 잡다한 지식을 종합하여 지식의 범위를 뽐내는 기회이다?

때론, 주제와 아무런 상관없이 소크라테스가 했던 명언이라든가, 수백 년 전에 역사적 사건 등을 언급하는 학생들이 있다. 이때 대부분은 맥락과 맞아떨어지기보다는 주제와 거리가 멀고, 불필요한 언급처럼 보인다.

앞에서 소개한 것처럼 써야 하는 분량이 많게 느껴질 수 있지만, 한 가지 주제에 관련해서만 주장하고 이와 관련된 내용만을 담도록 하는 등의 노력을 통해 본질을 놓쳐서는 안 된다. 특별한 요구사항이 없는 이상 한 학기 동안 읽었던 모든 자료를 억지로 정리하여 에세이에 욱여넣을 필요도 없고, 지난 수십 년간의 모든 선행 연구를 다 정리하여 넣을 필요도 없다. 또한 연관성 없이 다른 사람들이 했던 말들을 정리하고, 저자의 입장을 드러내지 않는 것은 명백한 실수다. 충분히 그 주제를 이해할 수 있을 정도로 자료나 선행 연구를 분석하고 본인의 주장으로 넘어가 그를 뒷받침하는 근거를 설명하면 된다.

따라서 저자는 에세이의 주제 범위를 명확히 잡고, 자료나 선행 연구들을 분석하는 데 들일 시간을 절약해야 한다. 이런 자료나 선행 연구를 소개할 때 아래의 template가 도움이 될 수 있다.

❶ Several writers in film studies have explored the controversy over racial representation … (topic: racial representation in film)
영화와 관련된 연구에서 많은 작가들은 인종 연출에 관한 논쟁이 있음을 분석하였다 (주제: 영화에 인종 연출)

❷ There have been attempts to replace gases used in the semiconductor manufacturing process with gases that have a lower global warming potential (topic: ESG strategies among semiconductor manufacturing companies)
반도체 제조 공정 시 사용하는 가스 중 지구온난화 지수가 더 낮은 가스로 대체하려는 움직임이 있다 (주제: ESG시대의 반도체 제조 회사의 대응 전략)

❸ In recent years, scholars have tended toward realism as better explaining global politics … (topic: realism in global politics)
최근 몇 년간 학자들은 현실주의가 세계 정치를 더 잘 설명한다고 주장하는 경향이 있다. … (주제: 세계 정치의 현실주의)

이처럼 바로 본 주제로 들어가는 것이 훨씬 더 좋은 에세이 작성법이다.

영어 글쓰기를 하게 되면 당연히 영어 능력이 드러날 수밖에 없다. 이 영어 능력이란 비단 문법적인 실력뿐 아니라, 보다 자연스럽게 표현하는 skill까지도 의미한다. 영어 글쓰기를 하게 되면 문장을 얼마나 능숙하게 표현하는지에 따라 의미 전달이 잘 될 수도 있지만, 의미가 왜곡될 수도 있다.

part 2

영어 글쓰기 중
범하는 흔한 표현 실수

2-1
너무 짧은 문장은 지양하자

예를 들어 저자가 아래 내용을 작성하고 싶다고 상상해 보자.

> 최근 들어 정부는 저출산율에 대응하기 위해 여러 정책을 펼쳤다. 하지만, 이것만으로 부족하다.

위와 같은 문장을 영어로 바로 번역하여 옮기게 되면 이렇게 표현하기 쉽다.

> These days, many policies have been revealed by the government for the resolution of the low fertility rate. But these are not enough.

문법적으로 틀린 것은 없지만, 영어 글쓰기에는 이렇게 짧은 문장은 흔치 않다. 만일, 짧은 문장이 많다면, 집중력이 부족해 보일 수 있다. 간혹, 짧은 문장을 통해 임팩트있게 표현할 수도 있지만 대부분은 연결하여 한 문장으로 구성하는 것을 추천한다.

> Although many policies have been revealed by the government for the resolution of the low fertility rate, these have not been enough.

2-2
되도록 질문을 피하기

한국 학생은 가끔 에세이에 질문을 쓰는 경우가 있다. 영어 연설이나 발표와 달리, 에세이는 공식적인 형식을 갖고 있고, 그렇기에 질문을 했으면 그에 알맞은 답을 저자가 제시해야 한다. 또한, 주의를 환기하기 위하여 질문을 연속적으로 제시하는 것도 에세이에서는 바람직하지 않다. 저자가 주제나 문제에 대하여 명확한 입장을 갖고 작성하기 때문에, 질문을 던지는 주체가 되면 안 되고 답변자가 되어야 한다.

> 왜 사회에서 정신 질환에 대한 낙인이 있는지 궁금할 수 있다. 그런 사람들에 대한 두려움 때문인가? 우리가 정신 질환에 대한 부족한 지식을 드러내는 것인가? 정신 질환자들에 대한 편견에 기반하고 있는 것인가? 혹은 선정적인 언론 보도로 악화된 것인가? 우리가 이런 문제를 충분히 논의해야 한다.

이를 바로 번역하자면 아래 예시가 나올 수 있다.

> One might wonder why there is such a stigma against mental illnesses in society. Is it due to fear about such people? Does it reveal how little we know about mental illnesses? Is it rooted in prejudicial thinking? Has it been fueled by sensational media coverage? In any case, we need to discuss such issues.

Tip. 영어글쓰기에 항상 주어+동사 및 단수/복수형 그리고 과거의 표현에도 관심을 기울이도록 하자

저자가 이 주제를 고민하는 모습을 보여 주고 있다고 생각할 수 있지만, 실상 독자에게 혼란을 주는 것이 더 크다. 연속으로 질문을 하게 되면 저자의 의견과 입장을 찾으려는 독자는 오히려 헤맬 수 있다. 더 문제는 이런 질문이 저자가 하려는 주장의 근거에 뒷받침하지 않은 것이다. 같은 내용은 질문이 아닌 statement로 정리하고 바로 저자의 생각으로 들어가든지, 참고 문헌이나 근거를 제시하면서 들어가는 것이 좋다.

> One might wonder why there is such a stigma against mental illnesses in society. This stigma may arise from fear, our lack of information, prejudicial thinking, or sensational media coverage. Paul Jay Fink argues that ⋯

이를 한국어로 번역하면 아래 예시의 글쓰기가 나올 수 있다.

> 왜 사회에서 정신 질환에 대한 낙인이 있는지 궁금할 수 있다. 이러한 낙인은 두려움, 정보, 부족, 편견적인 사고, 선정적인 언론 보도에서 비롯될 수 있다. 폴 제이 핑크가 주장하기로…

2-3
수동태 피하기

한국어 특성상 수동태로 문장 구성하는 경우가 많고, 때론 주어를 아예 생략하기도 한다. 반면, 영어는 꽤 엄격하게 〈주어+동사+목적어〉의 형식으로 구성된다. 영어는 결과 중심적이기보다는 주체 중심적인 언어이기 때문에 주체에 의해 일어나는 변화에 초점을 둔다. 여기서 주어가 추상적인 상태나 감정이 되기보다는 능동적인 주체가 되도록 글을 작성하는 것이 좋다.

> 최근의 안타까운 소식이 저의 마음을 억눌렀습니다
> → Recently, the sad news made my heart depressed.

이런 문장은 문법적인 문제가 있다기보다는 개념적으로 영어권 독자가 이해하기 어려운 표현이 된다. 왜냐하면 주어가 주체가 아니라 추상적인 〈슬픈 소식〉이 되기 때문이다. 같은 표현을 더 자연스럽게 수정한다면 아래의 표현이 더 적절하다.

> Recently, I felt depressed by the sad news
> (주어 = 주체인 I / 동사 = feel)

이처럼 가능한 주체 중심적인 문장을 구성하는 것이 좋다.

한국어는 아예 주어가 생략하는 경우도 있다. 아래의 예시들을 살펴보자.

> 잠이 안 온다 = I can't fall asleep
> 안 좋은 상황이 되었다 = The situation turned bad

한국어에 수동태로 문장을 구성하는 것이 많아서 이를 바로 영어에서도 수동태의 표현을 사용하는 경우가 많다. 아래 예시 문장을 보자.

> 많은 정책들이 펼쳐졌다 → Many policies have been revealed
> 책이 써지고 있다 → The book is being written
> 식사가 준비되었다 → The meals have been prepared

번역된 영어 문장이 수동태인지 알아보는 방법은 주동사가 〈be+p.p〉

형식을 갖추고 있을 때 살펴보는 것이다. 주체에 의해 능동적으로 변화시키기보다 변화를 당하는 의미를 가지고 있기 때문이다.

> Many policies (목적어) have been revealed (동사) = be revealed
> The book (목적어) is being written (동사) = be (is) written
> The meals (목적어) have been prepared (동사) = be (were) prepared

다시 말해, 목적어가 변화를 당하고 있고, 문장 내에서 적극적인 주체가 없음을 볼 수 있다. 주어를 생략하는 것이 한국인들은 익숙하지만, 영어권 독자들에게는 어색함이 있다. 읽는 흐름이 끊어지고, 문장을 올바르게 이해하는 데 방해가 된다.

위의 예시 문장의 의미를 유지하되 주체 중심적으로 수정해 보면 아래와 같은 예시 문장이 나올 수 있다.

> The government (주어) has introduced (동사) many policies (목적어).
> He (주어) has been writing (동사) a book (목적어).
> My mother (주어) has prepared (동사) the meals (목적어).

모든 상황에서 능동태를 사용할 필요는 없지만, 대부분의 문장은 이런 형식으로 구성해야 읽기 수월하다. 물론 저자가 영어 교정을 받으면서 고쳐도 된다고 생각할 수 있다. 그러나 위의 예시 문장처럼 주어가 아예 생략되거나 명시되지 않았다면 교정하는 사람도, 처음 문장을 작성한 사람의 본래 의미를 살려서 표현하기 어려울 수 있다.

2-1번에 보았던 예시 문장을 한번 능동태로 수정해 보자.

> Although many policies have been revealed for the resolution of the low fertility rate, these have not been enough.
>
> 답 예시: Although the government has introduced many policies for the resolution of the low fertility rate, these have not been enough.

2-4
많은 명사보다 동사를 사용하기

한국어는 한자에 기초하였기에 언어학에서 교착어(agglutinative language)라고 불린다. 영어는 이렇지 않아서 많은 명사를 더한다고 의미가 확장되지 않는다.

> 정부는 2006년부터 저출산 문제를 극복하기 위해 큰 예산을 투입했지만 양육비 부담에 대한 언급은 없었다.

이를 바로 영어로 번역한다면 아래 문장이 될 수 있다.

> Since 2006, the government has invested huge sums for overcoming the low fertility issue, but there was no mention of the burden of child support.
> (명사 = 7개/동사 = 2개)

"저출산 문제 극복"은 하나의 긴 명사로 보기 쉽지만 이를 영어로 번역할 때는 동사와 함께 풀어서 쓸 필요가 있다. 같은 내용을 영어로 다시 번역하자면 아래 문장이 더 자연스럽다.

> Since 2006, the government has invested huge sums to alleviate the low fertility rate, but they have not mentioned the financial burden of raising children.
> (명사 = 6개/동사 = 4개)

위에 말한 것처럼, 영어는 비율적으로 동사를 선호하는 언어다. 많은 명사가 있을수록, 문장을 읽기 벅차고 불편하다.

2-1에 제시된 예시 문장을 한번 수정해 보자.

> The government has revealed policies for the resolution of the low fertility rate.
> (명사 = 5개/동사 = 1개)
>
> ---
>
> (답 예시: The government has revealed policies to resolve the low fertility rate) (명사 = 4개/동사 = 2개)

    이 외에도 다른 영어 습관이 있을 수 있지만, 이를 대처하기 위해 가장 좋은 방법은 좋은 영어 문장을 많이 읽는 것이다. 특히, 저자가 쓰고 싶은 형식의 글(에세이든, 학술 논문이든, 소설이든)을 많이 읽고 문장 구조과 표현을 습득하는 것이 좋다.

2-5
문장의 주요 내용을 앞으로 배치하기

    한국어로 문장을 구성할 때는 주로 문장 끝에 주요동사 (main verb)가 오고, 대부분의 경우 그 앞 부분에 부연설명이 위치한다. 반면, 영어는 이와 정반대의 구조를 사용하고, 일반적으로 문장 첫 5~8 단어 내에 주어와 주요동사가 나타나며, 핵심 절(clause)이 앞에 나온다. 만약, 한국어 문장 구조처럼 영어 글쓰기에서 주요동사가 문장

끝에 나타나게 되면, 문법상 문제가 되지 않아도 독자 입장에서는 읽기 매우 부담스러울 수 있다.

> 인공지능(AI)은 업무 효율성을 높일 뿐만 아니라 새로운 수행 방법을 제시함으로써 문제 해결에 탄력과 유연성에 기여해준다.

한국어 문장 구조의 습관에 따라 영어로 적용한다면 다음과 같은 어색한 문장을 낳을 수 있다.

> Artificial intelligence not only increases work efficiency, but by offering new methods of implementation, it contributes to flexibility in problem-solving.

위 예문은 의미적 무게(강조점)가 마지막 절(clause)에 실려 있으므로 자연스럽게 읽히려면 문장순서를 바꿔야 한다. (이를 "frontloading" 기법이라고도 한다.)

> Artificial intelligence contributes to flexibility in problem-solving, since it not only increases work efficiency, but also offers new methods of implementation.

연습

아래 문장을 영어로 표현해 보세요.

1. 세상에는 대다수가 이기적이고 욕심 많은 사람이다. 그래서 자본주의가 가장 현실적인 경제 제도로 선택된 것으로 보인다.

2. 이런 부족한 점을 보충하기 위해 많은 실험을 해 왔고, 더 정확한 결과를 얻을 수 있었다.

3. 현재 인플레이션으로 인해 금리가 상승되고 있고 경제 침체가 생길 위기다.

4. 한국이 출산율이 낮은 이유는 불명확하다. 왜냐하면, 다른 국가들도 비슷한 노동 시장의 불평등, 성차별, 세대 간 격차를 갖고 있지만 그들은 출산율은 1.0 이상이다.

답 예시

1. Since most people are selfish and greedy, societies seem to have decided that capitalism is the most realistic economic system.

2. To address these deficiencies, we conducted multiple experiments to achieve more accurate results.

3. Interest rates have been rising and there is a danger of an economic recession.

4. It is unclear why Korea has such a low fertility rate, since other countries also have the same issues of labor market inequalities, gender discrimination, and generational changes, and yet still maintain fertility rates of over 1.0.

part 3

기본 에세이 구조

결론부터 말하자면, 좋은 에세이 구조는 저자가 작성하기 편한 구조가 아니라 독자가 읽고 이해하기 편한 구조이다. 이를 위해 독자의 입장에서 글을 작성하는 연습이 필요하다.

이 장에서 소개하는 에세이 구조는 특히 미국에서 사용되는 전형적인 구조지만, 무조건 이 구조대로 써야 하는 것은 아니다. 글을 쓰다 보면 의미 전달이 더 잘되는 방법과 구조를 발견할 수 있고, 더 효과적인 정리 방법을 찾을 수도 있다. 그러나 아래 전형적인 에세이 구조를 알리는 이유는 좋은 에세이가 가져야 할 요소들을 소개해 주기 위함이다.

먼저 문단 내에 구조를 보고, 그다음에 에세이의 전반적인 구조를 살펴볼 것이다.

전형적인 문단 구조는 다음과 같다.

Topic sentence (주제 소개)
(필요시) Supporting sentence (설명 및 해석)
Evidence (근거 제시)
Supporting sentence (설명 및 해석)
(필요시) Evidence (근거 제시)
(필요시) Supporting sentence (설명 및 해석)
Concluding sentence (문단의 결론)

에세이의 전형적인 구조는 아래와 같다.

Introduction + thesis statement (서론과 주제문)
Main body (본문) - 문헌으로 구성됨
  - Summary/literature review (요약/문헌 검토)
  - Response/argument (저자의 의견/주장)
Conclusion (결론)

3-1
문단 구조

　학생들이 흔히 영어 에세이를 쓰면서 생각을 정리할 때가 많다. 생각을 정리하는 과정에서 근거를 먼저 살피고, 의견을 내며 결론을 제시하는 단계를 거친다. 따라서 위에서 소개한 전형적인 문단의 구조보다는 근거부터 제시하며 문단을 시작하는 경우가 있다.

　하지만 근거는 문단 첫 문장부터 나타나면 안 된다. 왜냐하면 topic sentence(주제 소개) 없이 근거가 제시된다면 독자가 이를 어떻게 받아들여야 하며, 왜 제시하였는지 알지 못하기 때문이다. 저자는 가능한 첫 문장에서 이 글의 주제나 주장을 제시하고, 이를 뒷받침하는 근거를 제시해, 독자들이 혼란에 빠지는 일이 없게 해야 한다. 따라서 글을 구상하는 단계에서 여러 가지 근거들이 먼저 떠오르더라도, 초고를 쓸 때 혹은 퇴고할 때 반드시 문단의 구조가 어떠한지 검토해 보는 것이 중요하다. 잘못된 문단의 구조를 갖게 되면 글쓴이의 주장과 근거가 훌륭하더라도 이것이 명확하게 전달되지 않을 수 있다.

　따라서 저자는 생각의 흐름에 따라 에세이를 작성하면 안 된다. 초안 작성 시에 내용을 잊지 않기 위하여 빠르게 작성하였더라도, 반드시 퇴고할 때 이 구조를 수정해야 한다. 자신의 주장을 독자가 최대한 이해할 수 있도록 하는 구조를 잡자.

예를 들어, 아래 문단은 근거부터 시작하는 구조를 갖고 있다.

(Evidence + evidence + supporting sentence)

Joseph Stiglitz writes, "Neo-liberal market fundamentalism was always a political doctrine serving certain interests. It was never supported by economic theory." He also says, "This mixture of free-market rhetoric and government intervention has worked particularly badly for developing countries." This means that neo-liberalism is not good for developing countries.

Joseph Stiglitz는 이렇게 썼다. "신자유주의 시장 근본주의는 항상 특정한 이익을 추구하는 정치적 교리였다. 그것은 경제 이론에 의해 뒷받침된 적이 없다." 그는 또한 말했다. "자유 시장 수사와 정부 개입의 혼합은 개발 도상국에 특히 악영향을 미쳐왔다." 이는 신자유주의가 개발 도상국에 좋지 않다는 것을 의미한다.

이 문단의 마지막 문장은 불필요한 내용의 반복이다. 구조상 이런 문단 구조는 읽고 이해하기에 부담스럽다. 왜냐하면 근거인 인용문을 읽으면서 저자가 하고자 하는 궁극적인 주제에 대하여 알지 못하고 글을 읽어 나가기 때문이다. 저자는 인용문을 복사할 뿐이니 쓰기 편리한 구조지만, 독자 입장에서는 왜 이런 인용문을 가져왔는지 이해하기 어렵다. 앞서 소개한 문단 구조에 입각하여 수정해 보면 다음과 같다.

> (Topic sentence + evidence + supporting sentence)
>
> Neoliberalism has attracted many critics in recent years, including economists like Joseph Stiglitz. Stiglitz has said that "neo-liberal market fundamentalism was always a political doctrine serving certain interests," rather than rooted in economic theory. In other words, Stiglitz argues that neoliberalism has helped to support those in power.
>
> 신자유주의는 Joseph Stiglitz와 같은 경제학자를 포함하여 최근 몇 년간 많은 비판을 이끌어 왔다. Stiglitz는 말했다. "신자유주의 시장 근본주의는 경제 이론에 뿌리를 둔 것이 아니라 항상 특정 이익을 추구하는 정치적 교리였다." 다시 말해, Stiglitz는 신자유주의가 권력자들의 권력을 유지하는 데 도움이 되었다고 주장한다.

문단 내에 첫 문장 (혹은 첫 두 문장)이 가장 중요한 역할을 한다. 사실상 문단 나머지 내용을 대충 훑어 읽어도 각 문단의 첫 문장은 대략적인 에세이의 흐름을 제시할 수 있어야 한다. 문단의 첫 문장이 중요한 이유는 그 문단을 통합시키는 주제를 잡아 주고, 독자에게 어떤 내용이 나올 것인지 예상하도록 만들어 주기 때문이다. 에세이는 하나의 큰 주제 안에 소주제들을 포함하게 된다. 이때 각 소주제별로 문단을 구성한다. 위에 예시 문단의 첫 문장은 이렇게 topic sentence의 역할을 해 준다. 독자에게 문단의 주제가 신자유주의(neoliberalism)에 대한 비난임을 알려 준다. 따라서 독자는 이 문단에 신자유주의에 대한 비판과 이에 대한 근거들이 제시될 것임을 예상할 수 있다.

또한, 학생들이 흔히 하는 실수는 근거를 아예 생략하는 것이다. 제1장에 소개한 것처럼 에세이는 토론이나 대화에 참여하는 것과 같다고 하였다. 학생들은 다른 사람들의 의견 뒤에 숨고 자기 의견을 전혀 제시하지 않는 흔한 실수를 하고, 때론 다른 사람들의 의견과 상관없이 자기만의 주장을 할 때도 있다. 자기 의견의 타당성을 확보하기 위해서는 기존 문헌에서의 연구 내용과 저자의 의견과 연결하여, 자기 의견이나 주장이 어떻게 다른지 뒷받침해야 한다.

근거 없는 문단의 예시는 아래와 같다.

(Topic sentence + supporting sentences)

There are many reasons to raise the minimum wage. Particularly in a time of high inflation, raising the minimum wage would help people afford basic necessities. Raising the minimum wage will therefore improve the economy and grant security to low-income households. Raising the minimum wage is the first step towards achieving social equity and granting opportunities to those from less privileged backgrounds.

최저 임금을 인상해야 하는 이유는 다양하다. 특히, 물가 상승률이 높은 시대에 최저 임금을 인상하면 사람들이 기초 생활을 유지하는 데 도움이 되기 때문이다. 따라서 최저 임금 인상은 경제를 개선하고 저소득층에 기초 생활을 보장해 줄 수 있다. 최저 임금 인상은 사회적 평등을 달성하고 소외 계층에게 기회를 제공하기 위한 첫 번째 단계이다.

여기 예시 문단에는 영어 문법이나 논리적 흐름에 문제가 없다. 그러나 학문적인 분위기가 없는 일기처럼 읽힌다. 그 이유는 저자의 주관적인 생각만 전달하기 때문이다. 서론이나 결론의 문단이면 조금 덜 문제가 될 수 있겠지만, 본문으로써 설득력이 부족해 보이고 저자가 자기 의견에만 몰입한 것처럼 보인다. 선행 연구자들과 토론에 참여하는 느낌을 주지 못한다. 이 내용을 조금 수정해서 근거를 추가한다면 아래와 같을 수 있다.

(Topic sentence + supporting sentence + evidence + supporting sentence + evidence)

There are many reasons to raise the minimum wage. Particularly in a time of high inflation, raising the minimum wage would help people afford basic necessities. A recent report has found that expensive Californian districts are struggling to recruit teachers, due to stagnant salaries and rising rent prices. The quality of life that these teachers, who often serve essential roles, are able to afford are decreasing as a result (Lieggi). Further, raising the minimum wage could improve the economy and grant security to low-income households. As energy bills and the cost of living increase, it is often those living on the minimum wage who become entrenched in poverty. These include young people and retirees, according to the economic consultancy Infometrics, with long-term consequences for the economy (Heyes). …

최저 임금을 인상해야 하는 이유는 다양하다. 특히, 물가 상승률이 높은 시대에 최저 임금을 인상하면 사람들이 기초 생활을 유지하는 데 도움이 되기 때문이다. 최근 조사 결과에 따르면 값비싼 캘리포니아 지역은 정체된 급여와 임대료 상승으로 인해 교사를 모집하는 데 어려움을 겪고 있다. 필수 역할을 담당하는 이러한 교사들이 감당하기 힘들 정도로 삶의 질이 감소하고 있다 (Lieggi). 더 나아가, 최저 임금 인상은 경제를 개선하고 저소득층에 기초 생활을 보장해 줄 수 있다. 에너지 비용과 생활비가 증가하게 될 때, 최저 임금으로 생활하는 사람들은 더욱 빈곤에 빠지고 괴롭게 된다. 경제 컨설팅 회사인 Infometrics에 따르면 여기에는 젊은이와 퇴직자가 포함되며, 장기적으로 경제에 영향을 미치게 된다 (Heyes). …

근거와 이에 대한 해석을 추가함으로써 저자의 신뢰도가 향상되고 감정이나 편견에 나올 듯한 내용이 현실적인 타당성(plausibility)을 갖게 된다. 어떤 근거든 주제와 관련이 있어야 하고 뒷받침하는 역할을 하여 저자의 신뢰도와 설득력을 높여 주는 역할을 해야 한다. 저자의 의견을 뒷받침하기 위한 근거를 찾는 노력들을 추가하면 문단의 퀄리티를 훨씬 더 높일 수 있다. 특히 저자가 강조하고 싶은 에세이의 중요한 부분에 근거를 추가하는 것을 권장한다.

또 다른 예시를 살펴보자.

(Topic sentence + supporting sentences)

Democracy may be the best form of government because it preserves freedom. Freedom is an important human right and crucial to human happiness. Freedom can also contribute to economic development and prosperity.

민주주의가 자유를 보호하기 때문에 최고의 정부 형태라고 생각할 수 있다. 자유는 중요한 인권이며 인간의 행복의 핵심이다. 자유는 또한 경제 발전과 번영에 기여하기도 한다.

앞서 말한 것처럼 이런 문단은 저자만의 주관적인 생각을 제시한다. 근거를 추가하여 문단을 수정해 보면 아래와 같다.

기본 에세이 구조

> (Topic sentence + supporting sentence + evidence + supporting sentence + evidence)
>
> Despite its shortcomings, democracy may be the best form of government because it preserves freedom. The United Nations has stressed the centrality of democracy to upholding human rights across the world ("Democracy"). Further, freedom can also contribute to economic development and prosperity. The Indian philosopher and economist Amartya Sen has also argued that democratic values are crucial for economic development, taking his own country India as an example. In his 1981 book *Poverty and Famine*, Sen notes that the last famine in India occurred in 1943 under British colonial rule before democratization. ⋯
>
> 민주주의가 결점이 있음에도 자유를 보호하기 때문에 최고의 정부 형태라고 생각할 수 있다. 유엔은 전 세계에서 인권을 수호하는 데 민주주의의 중요성을 강조한다 ("Democracy"). 더 나아가, 자유는 또한 경제 발전과 번영에 기여하기도 한다. 인도의 철학자이자 경제학자인 Amartya Sen도 민주주의적 가치관이 경제 발전에 중요하다고 주장하여 자신의 조국인 인도를 예로 들어 설명했다. Sen은 그의 1981년 책 《빈곤과 기근》에서 인도의 마지막 기근은 민주화되기 전 1943년 영국 식민 통치하에서 발생했다고 지적한다. ⋯

첫 문장을 통해 독자에게 주제를 인식시킨다. 그다음, 근거와 이에 대한 설명을 소개한다.

문단 구조를 다시 살펴보면, 첫 두 문장에서 문단이 말하고자 하는 주제를 제시하고, 이어서 세밀한 근거들과 부연 설명들을 제시한다. 마지막 문장은 그 문단의 주제에 대한 결론 문장을 제시하여 주제를 정리한다. 특히 첫 문장은 주제에 관한 핵심적인 문장으로 구성하고, 중간 문장은 이를 뒷받침하는 여러 가지 근거들과 설명들로 구성되도록 하자. 이런 문단의 구조는 에세이 전반의 구조로 확대하여 적용할 수 있다.

3-2
서론

본문보다 서론과 결론이 쓰기 더 어렵고, 알아 두어야 할 지식도 더 많다. 왜냐하면 본문의 내용은 주제를 소개하고, 이를 분석하여, 저자의 의견을 제시하는 내용이라 한다면, 서론은 주제에 관하여 독자가 관심을 가질 만한 타당성에 대하여 설명하고, 소개하여 독자의 흥미를 끄는 목적성을 갖기 때문이다. 따라서 서론은 너무 자세한 내용과 근거를 제시하기보다, 본문에서 다룰 주제에 대하여 독자가 읽어 볼 만한 가치가 있는지 판단할 수 있는 문장들로 구성한다.

서론은 에세이의 시작이니만큼 한 영화의 트레일러와 같이 독자의 관심을 끌기 위해 노력해야 한다. 따라서 기술적인 주제 소개를 위한 문장 구성 스킬이 필요하고, 에세이에 나올 궁극적인 주제가 소개되어야 한다. 이를 제시하는 문장을 주제문(thesis statement)으로 불리기도 하는데, 먼저 서론을 다루고, 주제문을 설명하고자 한다.

서론을 쓸 때 학생들이 크게 하는 3가지 실수가 있다.

첫 번째, 서론이 너무 짧고 주제를 적절히 소개하지 않으며 주제문이 없는 경우.
두 번째, 서론에 주제를 소개하되, 시작부터 중구난방의 문장으로 구성하며, 본 주제를 소개하기까지 시간이 너무 오래 걸리는 경우.
세 번째, 서론에서 주제에 관한 너무 구체적 근거들이 소개되어 읽기 벅찬 경우.

서론이 주제를 잘 소개하고 관심을 끌어야 독자가 나머지 내용도 읽고 싶어 할 수 있다. 또한 주제문에 관한 저자의 결론적인 주장(argument)을 밝혀야 독자가 읽을 때 방향을 잘 잡을 수 있다. 이처럼 서론은 독자에게 에세이의 방향성을 알리며 안정감을 주는 역할을 한다. 따라서, 이를 잘못 작성할 경우 전반적인 에세이의 말하고자 하는 바가 약해지기 쉽다.

서론에서부터 저자의 결론적인 입장이 나와야 하기 때문에, 에세이 작성의 흔한 순서는 본문→결론→서론이다. 서론의 길이는 에세이의 전반적인 길이에 따라 변동하게 된다. 에세이가 짧을수록, 서론도 짧아지고, 에세이가 길면, 서론도 역시 길어진다. 서론은 지나치게 짧지 않도록 2-3문장 길이 이상의 문단으로 구성되도록 하며, 전체 에세이의 1/4 이상 차지하면 어색하니 주의해야 한다.

서론은 토론에 참여하는 첫 발걸음인 만큼, 답변해야 할 질문이 몇 가지 있다.

> ❶ 이 에세이의 주제가 무엇인가? (What is this paper about?)
> ❷ 왜 이 에세이의 주제가 중요한가?
>   (Why is this topic significant or relevant?)
> ❸ 이 주제와 관련해서 저자의 입장은 무엇인가?
>   (What does the writer claim?)

단순히 교수님이 내어 준 보고서라고 해서, 이 질문들을 건너뛰고 ❶번 질문을 답하게 되면 전체 주제에 대한 흥미나 이해가 떨어져 보이기 쉽다.

위에 제시한 ❷번 실수의 예시를 보자.

> Many people like to use electronic devices, from smartphones to laptops. These days, sales of smartphones have increased and laptops also achieved record sales during the pandemic. Electronic devices are useful for our lives. The most important unit of an electronic device is the semiconductor, which is being produced in countries all across the world. These semiconductors are very useful in improving our quality of life. For instance, electric cars rely on a great number of semiconductors to function properly. Semiconductors are also used in washing machines.
>
> 많은 사람들이 스마트폰이나 노트북 같은 전자 기기를 사용하기 좋아합니다. 요즘 스마트폰 판매량이 늘어나고 있고, 노트북은 팬데믹 기간 기록적인 판매량을 달성했습니다. 전자 기기는 우리의 생활에 유용합니다. 전자 기기의 가장 중요한 부품은 반도체로, 전 세계 여러 나라에서 생산되고 있습니다. 이러한 반도체는 우리의 삶의 질을 향상시키는데 매우 유용합니다. 예를 들어, 전기 자동차는 제대로 작동하기 위해 수많은 반도체에 의존합니다. 또한, 반도체는 세탁기에도 사용됩니다.

예시를 주기 위해 과장하긴 했지만, 위에 서론은 너무 장황하고 독자를 답답하게 만든다. 본 주제에 바로 들어가지 않고 너무 주제의 폭을 넓게 잡아서, 무려 여덟 문장이 지났는데도 주제가 무엇인지 파악하기 어렵다. 이 학생은 아무런 사전 준비 없이 에세이를 작성하면서 생각을 정리하고 있는 듯한 느낌을 주고 있다. 앞서 제시한 서론을 수정하면 다음과 같다.

> Semiconductors are the most important unit of any electronic device, ranging from smartphones to laptops to electric cars. As a result, semiconductor production has also increased to meet the elevated demand for modern electronic devices. Since the semiconductor manufacturing process generates a lot of hazardous chemical waste, however, there has been continued debate on the environmental impact associated with the waste disposal. This waste ranges from ⋯
>
> 반도체는 스마트폰, 노트북, 전기 차를 포함한 모든 전자 기기의 가장 중요한 부품입니다. 따라서 수많은 최신 전자 기기 생산을 위해 필요한 반도체 수요를 맞추기 위해 반도체 생산량도 증가하고 있습니다. 그러나 반도체 제조 공정에서 많은 유해한 화학적 폐기물이 발생하므로, 폐기물 처리와 관련하여 환경적 영향에 대한 논쟁이 계속되고 있다. 이 폐기물 범위는 ⋯

두 문장으로 부가적인 내용은 축소하고 본 주제로 들어가는 것이 더 결단력 있어 보이고 자신감 있어 보인다. 이에 따라 독자는 앞으로 서론 뒷부분에 주제문이 나올 것을 예상할 수 있다.

이제 위에 제시한 3번 실수의 예시를 보자.

> The monetary policy of quantitative easing during high inflation must be matched by fiscal policy led by the government. Liz Truss's government initially failed to achieve this through confusingly cutting tax rates at a time of higher interest rates. This approach creates confusion in the markets and should be avoided in the future.
>
> 높은 인플레이션 시 양적 완화의 통화 정책은 정부 주도의 재정 정책과 맞아야 합니다. Liz Truss 정부가 처음 실패한 것은 높은 이자율 상황 속에 세율을 인하하여 금융 시장을 혼란스럽게 만든 것입니다. 이러한 접근 방식은 시장에 혼란을 야기하므로 앞으로는 피해야 합니다.

이렇게 갑작스럽게 주제와 상세한 내용에 들어가는 것은 독자에게 충분한 이해와 소화의 기회를 주지 않는 것이다. 주제의 전반적인 배경 설명(context)과 관련성(relevance)을 살리지 못한 예시라 할 수 있다.

때론, 에세이 글쓰기 교사들은 인상적인 사례나, 통계로 서론을 시작하라고 권장한다. 이는 막연하고 흥미를 잃게 하는 표현들을 방지하기 위함이다. 하지만 이런 사례나 통계를 제시한다고 해서 서론이 무조건적으로 좋아지는 것이 아니기 때문에, 이를 어떻게 잘 활용해서 저자가 제기하고 싶은 주제와 주장으로 넘어가는지 중요하다.

3-3
주제문(thesis statement)

주제문은 보통 서론의 뒷부분에서 찾을 수 있어야 한다. 서론이 여러 문단으로 구성되었다면, 후반부 문단에서는 소개되어야 한다. 제1장에 설명했듯이, 주제문은 에세이의 핵심 내용을 한두 문장으로 요약한 내용이다. 여기서 thesis는 주장(argument)과 비슷한 의미를 가지고, 이를 명시(state)한 문장이다. 이를 쓸 때, 독자가 저자에게 "그래서 하고 싶은 말이 뭔데?(So what is your point?)"라고 하는 질문에 답변한다고 생각하면, 더 명확하게 표현하는 데 도움이 될 수 있다.

보통 에세이를 쓰고 나서 주제문이 완성되기 때문에, 많은 저자는 에세이 작성 후 서론 전체와 주제문을 수정한다. 서론에 주제를 잘 소개하고 독자의 흥미를 잘 유도했어도, 저자의 입장이 명확하지 않다면 독자는 로드맵 없이 에세이를 읽어야 한다. 다시 말해, 독자는 저자의 의견을 추론하면서, 에세이에 나올 근거들까지 살펴야 하는 수고를 해야 한다. 마치 도착지를 알지 못한 채 출발하는 것과 같은 불안한 느낌을 준다.

주제문을 쓸 때 두 가지 표현 방법이 있는데, 직설적인 방법과 간접적인 방법으로 분류된다. 직설적인 방법은 I 혹은 this paper/essay/article과 같은 표현을 사용하고, 간접적인 방법은 이런 표현 없이 주제문을 나타낸다.

아래 예시를 보고 어떤 것이 직설적이고, 간접적인지 구분해보자.

❶ Our research findings support the view that the SARS-CoV-2 virus originated from a zoonotic spillover, rather than stemming from a research lab.

우리의 연구 결과는 SARS-CoV-2 바이러스가 연구실에서 유래한 것이 아니라 인수 공통 전염에서 유래했다는 견해를 뒷받침한다.

(답: 직설적인 방법)

❷ Hydrogen fuel can serve as an eco-friendly alternative to fossil fuels, which are currently used to power most cars.

수소 연료는 현재 대부분의 자동차에 사용되는 화석 연료 대신 친환경적 대안이 될 수 있다.

(답: 간접적인 방법)

❸ The main reasons why the Industrial Revolution began in Northeast Europe, rather than in East Asia, were due to the fortunate location of their coal deposits and their access to trade with the New World.

산업 혁명이 동아시아보다 동북유럽에서 시작된 주된 이유는 운 좋은 석탄 매장지의 위치와 신대륙과의 무역 접근성 때문이었다.

(답: 간접적인 방법)

> ❹ This research paper argues that the mistranslation of subtitles in Korean Netflix drama series has a significant impact in perpetuating racial stereotypes.
>
> 본 연구 논문은 한국 넷플릭스 드라마의 자막 오역이 인종적 고정 관념을 고착화시키는데 중요한 영향을 미친다고 주장한다.
>
> (답: 직설적인 방법)

3-4
개요(outline)

학생들이 주제문(thesis statement)을 작성할 때, 가장 흔하게 하는 실수는 '주제문'이 아닌 '개요'를 쓰는 것이다. 물론 주제문이나 개요는 에세이에 나올 내용을 예고(preview)하는 공통점이 있지만, 개요는 전반적인 에세이의 흐름과 구조를 설명하는 것이고, 주제문은 저자의 주장을 요약하는 것이라는 점에서 차이가 있다.

예시로 아래 개요를 보자.

> First, I discuss the standard model of particle physics. Then I explain how machine-learning techniques can help us better interpret data samples. Finally, I highlight some of the limitations and challenges of applying current machine-learning techniques in particle physics.
>
> 먼저 입자 물리학의 표준 모델에 대해 설명한다. 그다음, 기계 학습 기술이 데이터 샘플을 더 잘 해석하는 데 어떻게 도움이 되는지 설명한다. 마지막으로 입자 물리학에 현재 기계 학습 기술을 적용하는 데 몇 가지 한계와 과제를 강조한다.

이 문장들이 주제문이 될 수 없는 이유는 저자의 주장은 나오지 않고, 저자가 무엇을 할 것인지만 순서대로 서술했을 뿐이기 때문이다.

분야마다, 또 에세이 (혹은 논문)의 분량에 따라 개요가 필요할 수도 있고, 적절하지 않을 수 있다. 모든 에세이에 넣을 필요는 없다. 특히, 상대적으로 짧고 금방 읽을 수 있는 보고서에는 개요를 넣을 필요가 없다. 독자에게 도움이 될 듯하면 개요를 넣는 것이 좋고, 그렇지 않으면 생략해도 된다. 또한 결론 앞에 개요식으로 정리하는 저자도 있는데, 이는 저자 개인의 스타일과 판단으로 여기면 된다.

또 다른 예시를 보자. (결론 앞부분에 둘 때, 시제를 과거 시제로 바꾸면 된다.)

In section 1, we outline our non-invasive methodology in assessing the structural stability of canvases dating over a hundred years old. In section 2, we detail how we produced our new mechanical apparatus to ensure greater stability when restoring old and compromised canvases. In section 3, we evaluate the effectiveness of our apparatus when tested on two damaged paintings, dating three hundred and two hundred years, respectively. We compare the results in section 4 and conclude in the final section.

섹션 1번에서 100년 이상 된 캔버스의 구조적 안정성을 평가하는 비침습적 방법론을 간략히 설명한다. 섹션 2번에서는 오래되고 손상된 캔버스를 복원할 때 더 큰 안정성을 보장하기 위해 새로운 기계 장치의 제작법을 자세히 설명한다. 섹션 3번에서 우리는 각각 300년과 200년이 된 두 개의 손상된 그림(painting)에 시험했을 때 소개한 장치의 효율성을 평가한다. 섹션 4번에서 결과를 비교하고 마지막으로 결론을 맺는다.

3-5
결론(conclusion)

결론에서는 앞서 서론과 본론에서 다룬 내용을 정리하고 마지막으로 독자에게 전할 메시지를 담는 파트이다. 보고서로 에세이를 쓸 때 학생들은 두세 문장으로 빠르게 끝내는 경우가 많은데, 이게 전반적인 에세이의 완결성을 약화시킨다. 에세이를 빠르게 마무리 짓고 촉박하게 썼다는 인상을 주기 때문이다. 서론에서 에세이의 첫인상도 중요하지만, 결론부에서 마지막으로 하고 싶은 말을 잘 남겨야 전체적인 에세이의 완성도를 높일 수 있다. 그러나 전체 에세이를 다시 요약하거나 내용 반복하는 것은 삼갈 필요가 있다. 따라서 글쓴이가 서론에서 던진 화두를 결론부에서 에세이의 주제와 함께 잘 회수하여 독자에게 다시 한번 기억에 남기고 싶은 내용으로 구성하는 것이 좋다.

아래 예시를 살펴보자.

> As outlined in section 2, much remains unknown about the effectiveness of the anti-malaria drugs HCQ and CQ when treating coronavirus patients. However, our data suggests that there are more significant anti-viral drugs that could more reliably treat acute lung infection. Resorting to these drugs (mentioned in section 4), including remdesivir, could help save more lives than anti-malaria drugs that have received public interest in spite of their questionable performance in medical treatment settings.
>
> 섹션 2번에서 다뤘듯이, 코로나 환자를 치료할 때 말라리아 치료제인 HCQ와 CQ의 효과에 대해서는 아직 증명되지 않은 것이 많습니다. 그러나 본 연구의 데이터는 급성 폐감염을 더 안정적으로 치료할 수 있는 더 중요한 항바이러스제가 있음을 보여 줍니다. 렘데시비르를 포함한 (섹션 4번에서 언급된) 약물에 의지하는 것이 의료 환경에서 의심스러운 효과에도 불구하고 대중의 관심을 받은 항말라리아 약물보다 더 많은 생명을 구하는 데 도움이 될 수 있습니다.

분야마다 결론짓는 어조(tone)가 다를 수 있지만, 되도록 진지하게 마무리하는 것이 좋다. 감정적인 표현이나 자기 에세이의 내용에 과대한 의미를 부여하는 것은 적절하지 않다. 분야에 따라 조금 더 화려한 표현을 사용하되, 에세이 주제로서의 가치(relevance)에 초점을 두는 것이 효과적이다. 좋은 결론은 마무리한 느낌을 줘야 하고, 갑작스럽게 혹은 헤매면서 억지로 끝낸 느낌을 주지 않은 것이 좋다.

3-6
에세이 작성 준비 단계

앞서 안내한 전체적인 에세이의 구조를 보면, 저자는 말하고자 하는 내용을 어떻게 잘 전달해야 독자가 잘 이해할 수 있을 것인가를 충분히 고민해야 한다. 서론부터 주제문이 나와야 하는 것을 보면, 저자는 자기가 하고 싶은 메시지를 분명히 알고 에세이를 작성해야 함을 알 수 있다.

그러나 많은 학생들은 에세이를 작성하면서 동시에 자신의 주장이나 의견이 정리되기를 바라곤 한다. 독자는 당연히 이렇게 작성된 글의 과정을 알아차릴 수밖에 없고, 전체적인 에세이의 안정감과 저자의 신뢰도에 영향을 받게 된다.

이를 대처하기 위한 몇 가지 방법이 있다. 하나는 에세이 초안을 쓰다가, 중간중간 다시 내용을 정리하는 다소 수고스러운 방법이다. 그러나 시간을 조금 더 절약하는 방법은 에세이를 작성하기 전에 전체 구조와 내용을 계획하고, 저자가 사용할 수 있는 틀(outline)을 갖추는 것이다.

에세이를 계획하는 것이 시간상 낭비와 혹은 불필요한 수고로 다가올 수 있지만, 이를 하는 학생과 안 하는 학생의 에세이는 퀄리티에서 확실한 차이가 난다. 정해진 주제의 범위를 잡고, 임시 주제문을 작성한다. 또, 내용을 어떻게 분담하고 문단으로 나눌 것인지 미리 정리하고, 근거와 분석을 문단별로 배정한다. 이 과정이 오히려 에세이를 작성하는 데 큰 도움을 주고 작성하기에 더 편해질 수 있다. 그리고 이런 에세이 (혹은 논문) 작성 틀을 가지고 교수님께 면담하면, 보다 구체적인 피드백과 도움을 기대해 볼 수 있다.

아래 예시를 살펴보자.

에세이 주제

Should richer countries financially support developing countries to shift to cleaner energy sources? Discuss.
부유한 국가는 개발 도상국이 청정 에너지원으로 전환하도록 재정적으로 지원해야 합니까? 토론해 보자.

서론: 기후 변화/시급한 환경 위기 다루기 → 선진국과 개발 도상국의 차이 (제국주의의 역사, 현대 권력의 불균형) → 임시 주제문: 선진국은 개발 도상국 청정 에너지원으로 전환하도록 지원하는 윤리적인 책임이 있다. 또한 국가적 이익을 얻을 수 있다.

본문 문단 1: 선진국의 발전 (오랜 세월 화석 연료를 사용하고, 식민지 자원을 이용) → 근거: Brown 기사 / Martin et al. 연구 자료

본문 문단 2: 개발 도상국의 현황, 1번 예시: 인도 (식민지 역사) 개발과 빈부 격차로 인한 석탄에 의존 → 근거: BBC 기사 / World Statistics 자료

본문 문단 3: 반박: 각 나라가 해결해야 문제다? → X, 국제적인 도움과 지원이 필요/모두의 유익 → 근거: UN 보도 자료

본문 문단 4: 왜 선진국이 지원해야 하나 (윤리적인 관점)/또한 어떻게 상호 간의 이익이 될 수 있는가 (기후 금융/정치적 영향력) → 예시: 미국-아시아 경제 외교 (White House 보도 자료)

결론: COP26 협약/기후 금융의 다양한 형태. 왜 선진국이 특히 지원할 윤리적인 책임과 국익이 있는지. 단기적인 유익보다, 길게 보며 국제 협력과 리더십이 필요함/그래야 다음 세대에게 사람이 살 수 있는 지구를 남겨 줄 수 있다.

물론 막상 에세이를 작성할 때 이 틀에서 더 다듬어지고 수정될 수 있지만, 이러한 에세이 작성의 틀이 있으면 전체적인 작성 방향을 명확히 설정할 수 있다. 또한 내용이 길어지면 계획한 한 문단이 두세 문단이 될 수 있고, 두 문단이 하나로 줄어들 수 있다. 그러나 계획 없이 작성한 학생의 에세이는 보통 문단의 주제적인 통일성이 부족할 때가 많다. 한 문단에 생각의 흐름대로 여러 주제가 나오고, 그렇게 되면 문단이 길어지게 될 수 있다. 에세이의 틀을 설정하면 오히려 주어진 과제에서 작성자의 초점을 놓치지 않고 근거에 바탕하여 일관된 논거를 펼칠 수 있다.

챕터 초반에 말했듯이, 에세이의 구조는 유연하게 달라질 수 있다. 그러나 에세이 구조의 목적은 독자가 내용을 잘 이해하고 소화할 수 있도록 구성되어야 한다. 저자가 조금 더 수고하고 고민하더라도, 좋은 에세이는 저자의 편리성에 맞추는 것이 아니라, 독자의 이해력에 초점을 두어야 한다.

part 4

근거를 제시하고 분석하기

에세이를 작성할 때, 다양한 형태의 근거들(보도 자료, 설문 조사, 실험 결과, 철학 이론이나 소설의 문장 등)을 활용할 수 있다. 이런 자료들을 잘 활용하기 위해서는 각 분야마다 적절한 근거를 찾고, 이를 분석하여 활용할 수 있는 실력을 갖춰야 한다. 이 챕터에서는 근거를 크게 3가지 종류로 분류하고, 각 근거의 종류에 따라 적절하게 수정하여 인용하는 방법을 소개한다.

❶ 보도 자료/기사
❷ 글 형식의 근거 (소설, 이론, 철학 등)
❸ 데이터 형태의 근거

인용하는 방법은 크게 두 가지가 있는데, 하나는 저자가 말로 설명하고 참고 문헌을 인용하는 것이고(citation), 또 하나는 인용 부호("")를 사용해서 원래 저자의 표현 그대로 사용하는 것이다. 여기서 주의해야 할 점은 원래 내용에서 긴 문장 그대로 복사하는 것은 지양해야 한다는 것이다. 각 인용 방식은 운영 기관에 따라 다르지만, 2-3 단어 이상 그대로 복사하면 인용 부호를 사용해야 함을 엄격하게 명시하는 지침도 있다. 많은 경우, 에세이 내에 출처(참고 문헌 인용)를 제시하면 표절의 위험은 없지만, 그 정도로 내용을 그대로 복사하여 에세이에 넣는 것을 주의해야 함을 보여 준다.

또한, 당연할 수 있지만, 인용 부호(직접적인 인용문)를 사용할 때 원래 내용을 그대로 복사해야 한다. 내용을 마음대로 수정하거나 편집해서는 안 된다. 잘못된 예시를 살펴보자.

> Han is often described as a "special emotional quality unique to Korean culture and society (Lim)." X 실수
> 한은 자주 "한국 문화와 사회만의 특유한 감정 (Lim)"으로 묘사된다. X

원문에 (Lim)이 나타나지 않고 저자가 출처를 알려 주기 위해 넣었으나, 위치를 잘못 선정했다. 이 실수를 수정하면 아래 문장이 된다.

> Han is often described as a "special emotional quality unique to Korean culture and society" (Lim).
> 한은 자주 "한국 문화와 사회만의 특유한 감정"으로 묘사된다 (Lim).

4-1
보도 자료/기사

가장 사용하기 쉬운 근거 중 하나는 보도 자료나 기사다. 이런 종류의 근거는 대부분 사실만을 전달한다. 물론 인터뷰 기사나 사설도 있지만, 많은 경우 단순한 사실을 알린다. 이때, 인용 부호("") 없이 저자의 말로 설명하면 된다.

> Beijing has reported a fourfold increase in Covid-19 infections over the past ten days ("Beijing steps up").
> 북경은 지난 10일간 코로나 확진자 수 4배 증가했다고 보고했다 ("Beijing steps up").

이 예시 문장에는 인용 부호 없이 내용만 소개하고, 참고 자료를 인용했다. 세부 형식은 물론 사용하는 학문 분야에 따라 다를 수 있다. 이런 인용 방법은 영어로 paraphrasing이라고 불린다. 즉, 내용을 복사해서 인용 부호를 사용하는 것이 아니라, 저자의 말로 요약해서 내용의 출처를 인용하는 것이다.

보도 자료나 기사를 직접 인용하지 않은 이유는 핵심적인 사실만을 그대로 전달하면 되기 때문이다. 우리가 인용 부호를 사용해야 할 때는 원저자의 표현이나 언어를 살리는 것이 중요할 때이다.

> A woman in Texas reported that she "nearly died" from sepsis, after being denied a procedure to terminate a nonviable pregnancy (Bahari).
>
> 텍사스의 한 여성은 생존 불가능한 임신을 중단시키는 절차를 거부당한 후 패혈증으로 "거의 죽을 뻔" 했다고 보고했다 (Bahari).

여기서 보도 자료의 근거에서 "nearly died"라는 인용 부호를 사용했다. 그 이유는 그 여성이 직접 사용한 표현임을 살리기 위해서이다. 만약에 기자가 이런 의도 없이 인용 부호를 사용한 것이라면 이런 인용문은 오해를 불러일으키고 부적절하게 사용한 것이다. "nearly died"가 기자의 표현이라면 인용 부호를 제거하는 것이 맞다.

다시 말해, 사실을 전할 때 인용 부호를 되도록 사용하지 않고, 저자의 말로 다시 표현해서 paraphrase 하는 것이 적절하다.

4-2
글 형식의 근거 (소설, 이론, 철학 등)

근거를 제시할 때 원저자의 말을 살려서 인용 부호(direct quotation)를 사용하는 것이 흔하다. 그러나 주의해야 할 것은 적절히 관심을 끌고 싶은 부분과 표현만을 직접 인용하고, 나머지는 저자의 말로 설명(paraphrase)해야 한다는 점이다. 긴 내용을 직접 복사하면 읽기도 불편하고, 저자가 해당 글을 인용하는 목적도 희미해질 수 있다. 대부분의 경우, 3줄 이상의 인용문을 삼가야 하고, 간혹 3줄 이상 긴 인용문(block quotation)을 삽입한다면 이를 정당화하는 길고 자세한 분석이 필요하다.

아래 topic sentence가 될 만한 예시 문장을 보자.

> In her book *The Origins of Totalitarianism* (1951), the philosopher Hannah Arendt argues that loneliness and isolation lead to the rise of totalitarianism.
> 철학자 한나 아렌트 (Hannah Arendt)는 저서 《The Origins of Totalitarianism》 (1951)에서 외로움과 고립이 전체주의의 부상을 일으킨다고 주장한다.

글 형식의 근거를 직접 인용할 때에는 단순 현재 시제(simple present tense)를 사용한다. 물론 1951년에 써진 작품이지만, 에세이에 내용을 분석할 때 현재 시제를 사용하는 것이 원칙이다. 진행형 현재 시제(present continuous)는 사용하지 않는다.

> Arendt argued → X 실수 (과거 시제)
> Arendt is arguing → X 실수 (진행형 현재 시제)
> Arendt argues → O (단순 현재 시제)

또한 사용할 수 있는 표현은 아래와 같다.

> Arendt argues (주장한다)
> She claims (주장한다)
> He states (말한다)
> They propose (제안한다)
> Brown rejects (거부한다/반박한다)
> Stevens advocates (옹호한다)
> Adams encourages (격려한다)
> She observes (관찰한다)
> They emphasize (강조한다)
> He agrees (동의한다)

위에 예시에 topic sentence를 제시했으니, 이제 supporting sentence/evidence로 들어가자.

> In her book *The Origins of Totalitarianism* (1951), the philosopher Hannah Arendt argues that loneliness and isolation lead to the rise of totalitarianism. According to Arendt, isolation and impotence are "the fundamental inability to act at all" and are conditions for terror (474). Isolation, however, is not the same as loneliness, in Arendt's view, but refers to "that impasse" where the "pursuit of a common concern" is lost in the political sphere (474). Loneliness is comparable to feeling "uprooted," or having "no place in the world, recognized and guaranteed by others" (Arendt 475). Loneliness, according to Arendt, concerns human life as a whole and is a feeling of "not belonging to the world at all" (475).

> Loneliness has also become an "everyday experience of the evergrowing masses of our century," in Arendt's words, which means that totalitarian domination becomes an ever-greater threat in the modern era (478). Ominously, Arendt suggests that "organized loneliness" could threaten to "ravage the world as we know it," making more people prone to terror and domination (478).
>
> 철학자 한나 아렌트 (Hannah Arendt)는 저서 《The Origins of Totalitarianism》(1951)에서 외로움과 고립이 전체주의의 부상을 일으킨다고 주장한다. 아렌트에 따르면 고립과 무력함은 "아예 활동할 수 있는 근본적 무능함"이며 공포의 조건이다 (474). 그러나 아렌트의 관점에서 고립은 고독과 동일하지 않으며, 정치적 영역에서 "공동 관심사의 추구"가 상실된 "교착 상태"를 의미한다 (474). 외로움은 "뿌리를 뺀" 느낌, 또는 "다른 사람들이 인정하고 보증하는 이 세상에서 설 자리가 없다"라는 느낌과 비슷하다 (Arendt 475). 아렌트에 따르면, 외로움은 인간의 삶 전체와 관련이 있으며 "세상에 전혀 속하지 않은" 느낌이다 (475). 또한 아렌트의 말에 따르면 외로움은 "우리 세기의 끊임없이 성장하는 대중의 일상적인 경험"이 되었으며, 이는 전체주의적 지배가 현대 시대에 점점 더 큰 위협이 된다는 것을 의미한다 (478). 불길하게도 아렌트는 "조직된 외로움"이 "우리가 알고 있는 세계를 황폐"할 위기가 있으며, 더 많은 사람을 공포와 지배에 취약하게 만들 수 있다고 표현한다 (478).

자료를 요약하고 설명하는 만큼, 수시로 독자에게 이런 내용이 저자의 의견이 아니라 다른 사람의 말이라고 상기시켜야 한다. 이때 아래 표현을 사용할 수 있다.

> According to ⋯
> As [이름] writes, ⋯
> In [이름]'s view, ⋯
> In this work, [이름] argues ⋯

위의 예시를 보면, 인용 부호가 사용되고 있지만 전체 문장을 복사한 것이 아니라, 한 가지 표현을 인용하여 넣은 것이다. 이렇게 짧은 인용문을 저자의 말의 문법적인 흐름에 맞춰 사용한 것을 embedded quotation(끼워 넣은 인용문)이라고 부른다. 원래 자료의 문장 전체를 복사하기보다 특별히 초점에 두고 싶은 표현을 인용하여 저자의 말의 흐름에 맞추는 방법이다. 인용문이 짧을수록 이해하고 소화하기 편해서, 이런 형식의 인용문을 상대적으로 더 많이 사용해도 무관하다. 그래서 예시의 문장 중에서 두 개의 embedded quotation(끼워 넣은 인용문)을 포함하였다.

정리하면 이렇게 인용문을 사용하는 것에는 두 가지 이유로 요약할 수 있다. 하나는 저자의 주장을 뒷받침하기 위함이고, 또 하나는 원저자의 표현을 섞으면서 에세이의 표현들을 보다 더 활력 있게 해 주기 위함이다. 또한, 보고서 같은 경우, 교수님께 원래 작품을 읽고 이해했다는 사실을 전달해 주기도 한다. 즉, 인용문을 사용하는 것이 저자의 신뢰도를 높이는 데 기여할 수 있다.

4-3
효과적인 글 형식의 근거 인용

많은 학생들이 에세이를 작성하면서 자기 자신을 위해 자료 내용을 정리하는 경우가 많다. 이것이 나타나는 흔한 모양은 순서대로 자료의 내용을 요약하는 것이다.

> First, she mentions A. Then, she talks about B. Also, she discusses C. Then, she also talks about D. → X 실수
> 먼저 A를 언급한다. 그러고 나서, B에 대해 이야기한다. 또한, C에 대해서도 논의한다. 그다음, D에 대해서도 말한다. → X 실수

제3장에 말했지만, 이런 한 가지 주제 아래 통일성이 없는 구조는 오직 저자를 위한 것이고, 독자에게 도움이 되지 않는다. 한 문단 내에 주제를 잡아야 하는 것처럼 작품이나 자료 내에서도 한 가지 주제에 초점을 두고 그것을 설명하는 것이 적절하다. Topic sentence는 문단에 전반적인 주제를 잡아 주고 그 문단 내에 주제적인 통일성이 있어야 함을 잊지 말아야 한다.

특히 교수님은 요약을 꽤 지루하다고 여기는 경향이 있다. 교수님 입장에서 요약은 분석이 아니라, 다른 사람이 했던 이야기를 다시 말하는 것이고, 이미 아는 내용이면 더욱 흥미가 떨어진다. 교수님은 그

자료에 기초해서 어떤 분석과 통찰을 얻을 수 있는지 더 궁금할 것이다. 저자가 내용을 안다고 말하는 것은 별다른 인상을 주지 않는다. 만약에 주어진 자료라면, 전체 내용을 아는 것은 당연하고, 거기에 추가적으로 무엇을 말할 수 있는가 더 관심을 가질 것이다. 위의 예시 같은 경우, 에세이 주제가 전체주의와 외로움이나 고독의 관계, 혹은 전체주의를 일으키는 요소의 큰 주제가 있음을 추측할 수 있다.

또한, 기억해야 할 것은, 요약한다고 해서 원래 저자의 말을 그대로 복사해서 안 되고, 적절한 분석과 내용 정리를 해야 한다. 요약의 목적 역시 독자가 최대한 저자의 의견을 잘 이해시키도록 하기 위함이다.

4-4
데이터 형태의 근거

앞서 설명한 대로, 단순한 사실을 인용문으로 표현할 필요 없다. 특히 살리고 싶은 표현이나 뒷받침할 내용이 있을 때 인용문을 사용하는 것을 권장한다.

다시 topic sentence와 supporting sentence/evidence을 보자.

Studies in recent years have focused on the potential of machine learning in drones (Doull et al., 2021; Martin et al., 2021; Aldaej et al., 2022). In particular, researchers have explored the potential for detecting building cracks through the use of machine learning in drones (Munawar et al., 2021; Moon & Lee, 2022; Kuchi et al., 2021; Danajitha et al., 2022). Among these studies, Munawar et al. (2021) and Danajitha et al. (2022) have implemented convolutional neural networks (CNN) for automatically detecting cracks and damage in buildings. Munawar et al. (2021) observe "remarkable potential" for assessing damage in civil infrastructures in their study (p. 1), while Danajitha et al. (2022) state that CNN "considers context information in a tiny environments [which] helps in achieving better accuracy" (p. 318).

최근 몇 년 동안의 드론에서 기계 학습의 가능성은 연구자의 관심을 많이 끌었다 (Doull et al., 2021; Martin et al., 2021; Aldaej et al., 2022). 특히 연구자들은 드론에서 기계 학습을 사용하여 건물 균열을 감지할 수 있는 가능성을 탐구했다 (Munawar et al., 2021; Moon & Lee, 2022; Kuchi et al., 2021; Danajitha et al., 2022). 이러한 연구 중 Munawar et al. (2021) 및 Danajitha et al. (2022)는 건물의 균열 및 손상을 자동으로 감지하기 위해 convolutional neural networks (CNN)을 구현했다. Munawaret al. (2021) 연구에서 토목 기반 시설의 손상을 평가하기에 "놀라운 가능성"이 있다고 발견하고 (p. 1) Danajitha et al. (2022)은 CNN이 "더 나은 정확도를 달성하는 데 도움이 되는 작은 환경에서 컨텍스트 정보를 고려한다"고 말한다 (p. 318).

인용하는 방식은 저자의 취향에 따라 변동할 수 있지만, 과도하게 인용하는 것은 지양하고, 되도록 꼭 필요한 정보만 독자에게 전달하는 것이 바람직하다. 그러나 만약에 몇 문단에 걸쳐서 인용문을 아예 발견할 수 없으면 충분한 뒷받침을 제공했는지 다시 확인할 필요가 있다.

4-5
인용문 수정 필요시

때로는 인용문을 편집해야 할 필요성이 있다. 인용문 내 대명사가 누구를 지칭하는지 설명이 필요하다든가, 시제를 바꿔서 적절한 embedded quotation으로 만든다든가, 중간 내용을 생략할 필요가 있을 수 있다.

예를 들어, 원문 아래 인용문을 사용하고 싶다고 생각해 보자. 밑줄 친 부분은 불필요한 내용이라 생각해 보자.

> What prepares men for totalitarian domination in the non-totalitarian world is the fact that loneliness, <u>once a borderline experience usually suffered in certain marginal social conditions like old age,</u> has become an everyday experience of the evergrowing masses of our century (478).

이렇게 긴 문장을 에세이에 넣기 부담스럽지만, 생략하고 싶은 내용이 중간에 있으니 어쩔 수 없이 포함시켜야 할 것처럼 보일 수 있다. 이때 마침표 3개 (…)를 사용하면 독자에게 <u>중간에 있는 내용을 생략했다는 신호</u>를 준다. 보통 마침표 3개 앞뒤에 띄어쓰기가 있다.

> Arendt writes, "What prepares men for totalitarian domination in the non-totalitarian world is the fact that loneliness … has become an everyday experience of the evergrowing masses of our century" (478).

마침표 3개를 인용문 앞이나 뒤에 두지 않는다.

> Arendt writes that loneliness "… has become an everyday experience of the evergrowing masses of our century" (478). → X 실수
> Arendt writes that loneliness "has become an everyday experience …" (478). → X 실수

또 다른 예시를 보자. 이때, 불분명한 대명사(he)에 대한 설명 보완이 필요해 보인다. 필요시, 시제도 같은 방법으로 수정해도 된다.

> I believe that he was wrong to suggest that democracies are unstable (1).
> → She states that, "[Plato] was wrong to suggest that democracies are unstable" (1).
> → She states that, "[Plato is] wrong to suggest that democracies are unstable" (1).

다시 말해, 마침표 3개는 내용 생략했다는 신호를 주고, 대괄호 [ ]는 내용을 수정했음을 보여 준다.

근거를 사용할 때 몇 가지 팁

❶ 최신 연구일수록 가치가 높다. (인문사회학 경우 지난 10년간, 이과 경우 지난 3-5년간)

❷ 보도 자료 사용 시, 언론사의 신뢰도를 고려해야 한다.

❸ 연구나 자료를 의지할 때 영향력을 고려할 필요가 있다. 논란이 많거나 신뢰도가 낮은 연구자의 문헌은 사용하지 않는 것이 좋다.

part 5

유용한 표현 및 tone

5-1
의미 명시

 미국에 자주 쓰이는 에세이 글쓰기 책 중 하나인, 제럴드 그라프(Gerald Graff)와 케시 버크엔스타인(Cathy Birkenstein)의 《They Say, I Say》에서는 많은 저자들이 사용하는 표현들이 나와 있다. 이런 표현을 metacommentary라고 부르는데, 이는 저자가 말하고자 하는 바를 보다 더 명확하게 하는 표현을 의미한다. 이런 표현은 의미를 직설적으로 전달하고, 특히 많은 부연 설명 사이에 사용하면 독자가 문장을 명료하게 이해하는 데 도움이 된다. 아래는 에세이 작성 시 사용하면 좋은 문장 구조의 예시이다.

My point is not ⋯ but ⋯
제가 말하는 것은 ⋯ 이/가 아니라 ⋯ (이)다

Ultimately, then, my goal is to demonstrate that ⋯
저의 궁극적인 목적은 ⋯ 설명하기 위함이다

This is important because ⋯
이게 중요한 이유는 ⋯

All of this shows that ⋯
이 모든 것이 보여 주는 것은 ⋯

My intention is not ⋯ but rather ⋯
저의 의도는 ⋯ 이/가 아니라 ⋯ (이)다

> While this is true, I want to suggest …
> 이것도 맞지만, 저는 … 제안하기를 원한다.
>
> My argument is that …
> 저의 주장은 …
>
> I argue that …
> 나는 … 을 주장한다.

이런 표현을 쓰게 될 때 저자는 자신의 핵심 주장(argument)이 무엇인지 다시 한번 생각하게 되고, 의미 전달을 명확하게 잘 할 수 있게 된다.

5-2
접속사

이미 많은 학생들은 문장과 문장을 매끄럽게 연결해 주는 접속사의 다양한 표현에 대해 알고 있을 것이다. 예시로, 다음과 같다.

> In addition (게다가/더 나아가)
> Indeed (심지어/참으로)
> Moreover (더구나/더 나아가)
> Further (더 나아가)
> For example/instance (예를 들어)
> In other words (다시 말해)
> Put differently (다르게 표현하자면)
> Ultimately (궁극적으로/결론적으로)
> Similarly (비슷하게)
> In contrast (대조적으로/반면)
> Despite (-에도 불구하고)
> However (그러나)
> While (-하지만, …)
> As a result (결과적으로)
> Consequently (따라서)
> Hence (따라서)
> Therefore (따라서/그러므로)
> To be sure (물론, …)
> In sum (요약하자면)
> To sum up (요약하자면)

하지만 학생들이 사용할 때, 가장 크게 문제 되는 것은 너무 자주, 혹은 매 문장마다 접속사를 사용하는 것이다. 때로 서론 문단에 접속사가 4-5번 나올 때도 있고, 도입부의 문단에서 In conclusion, Thus, Therefore 같은 결론을 맺는 접속사가 나오는 경우도 있다. 접속사는 글의 방향을 전환해 주고, 환기를 시키는 만큼, 너무 자주 쓰는 것은 효과를 떨어뜨릴 수 있다.

너무 많은 접속사를 사용한 예시를 보자.

> Climate change is happening before our eyes. <u>However,</u> not many people care about it. For example, many companies continue to produce single-use plastics. <u>Moreover,</u> people do not dispose of their waste properly. <u>Further,</u> countries continue to use fossil fuels. <u>In contrast,</u> the Earth is warming and the planet is being damaged. <u>But</u> most citizens are not aware of the problem. <u>Furthermore,</u> there is a lack of education about climate change. <u>Therefore,</u> there needs to be more awareness. <u>In addition,</u> governments should regulate companies. <u>Hence,</u> climate change is a collective problem. <u>To sum up,</u> everyone should care more about climate change.
>
> 기후 변화가 우리 눈앞에서 일어나고 있다. 그러나 많은 사람들이 이에 대해 걱정하지 않는다. 예를 들어, 많은 회사에서는 계속해서 일회용 플라스틱을 생산하고 있다. 게다가 사람들은 이 쓰레기를 제대로 처리하지 않는다. 또한, 국가들은 계속해서 화석 연료를 사용하고 있다. 이와 대조적으로 지구는 온난화되고 지구는 손상되고 있다. 그러나 대부분의 시민들은 문제를 인식하지 못한다. 게다가 기후 변화에 대한 교육이 부족하다. 따라서 더 많은 인식이 필요하다. 또한 정부는 기업을 규제해야 한다. 따라서 기후 변화는 집단적 문제이다. 요약하자면, 모두가 기후 변화에 더 관심을 가져야 한다.

한국어 번역에도 어색함이 전달될 정도로, 모든 문장들이 끊기듯이 읽힌다. 접속사를 많이 쓸수록 많은 이야기를 하는 느낌을 준다고 생각할 수 있지만, 사실상 어디에 초점을 두어야 할지 어렵게 만든다.

However와 But과 같은 접속사는 한 번 정도 사용했을 때 앞에 제시한 내용의 반대를 더 효과적으로 전달할 수 있다. 그러나 위의 예시와 같이 접속사를 많이 쓰면 독자는 저자가 작성하는 글의 방향성을 예측할 수 없어 글을 읽을 때 혼란스러울 수 있다.

위 예시를 수정하자면 아래와 같을 수 있다.

> Climate change is happening before our eyes. <u>Despite this,</u> not many people care about it. Many companies continue to produce single-use plastics and people do not dispose of their waste properly. Countries continue to use fossil fuels while the Earth is warming and the planet is being damaged. The problem is that most citizens are not aware of the problem due to a lack of education about climate change. <u>Consequently,</u> there needs to be more awareness. <u>In addition,</u> climate change is a collective problem and governments should regulate companies. <u>Overall,</u> everyone should care more about climate change.
>
> 기후 변화가 우리 눈앞에서 일어나고 있다. 그럼에도 불구하고 많은 사람들이 그것에 대해 관심을 기울이지 않는다. 많은 회사에서 일회용 플라스틱을 계속 생산하고 있으며 사람들은 폐기물을 제대로 처리하지 않는다. 지구 온난화가 심화되고 지구가 손상되는 동안 국가들은 화석 연료를 계속 사용한다. 문제는 대부분의 시민들이 기후 변화에 대한 교육이 부족하여 문제를 인식하지 못하고 있다는 것이다. 따라서 더 많은 인식이 필요하다. 또한 기후 변화는 집단적 문제이며 정부는 기업을 규제해야 한다. 전반적으로 모든 사람들은 기후 변화에 더 관심을 가져야 한다.

이게 매우 잘 쓰인 문단이라고 보기는 어렵지만, 접속사를 많이 사용한 처음의 서론보다는 읽기에 더 수월하다.

5-3
에세이의 어조(tone)

좋은 영어 에세이를 작성하기 위해서는 아래와 같은 어조(tone)를 가져야 한다.

- Rational(합리적)
- Balanced(균형 있는)
- Evidence-based(증거 기반한)
- Fair(공정한)

그리고 피해야 할 어조는 아래와 같다.

- Aggressive(공격적인)
- Emotional(감정적인)
- Vague(막연한)
- Biased(편향된)

이에 관한 예시 문장을 살펴보자.

⟨공격적인 문장⟩

However, he is <u>completely wrong</u> to suggest this and his claims <u>do not make any sense.</u>
그러나 그가 이것을 제안하는 것은 완전히 잘못되었으며 그의 주장은 말이 안 된다.

→ However, his claims are not convincing, particularly in relation to climate change because [근거].
그러나 그의 주장은 특히 기후 변화와 관련하여 설득력이 없다. 왜냐하면 [근거] 때문이다.

⟨감정적인 문장⟩

Many people across the world are <u>dying and suffering</u> because of environmental disasters, which are caused by <u>terrible</u> human negligence.
전 세계의 많은 사람들이 인간의 끔찍한 외면으로 인한 환경 재해로 죽어 가며, 고통 받고 있다.

(한국어는 감정 표현을 해도 자연스러운 언어지만, 영어에서는 이를 많이 완화해야 자연스럽다).

→ People in developing countries suffer due to environmental disasters, such as waterborne disasters and heatwaves, even though they have contributed the least to climate change.
개발 도상국의 사람들은 기후 변화에 가장 적게 기여했음에도 불구하고 수인성 재해, 폭염 등의 환경 재해로 고통 받고 있다.

⟨막연한 문장⟩

Climate change is a big problem.
기후 변화는 큰 문제입니다.

→ The United Nations have stressed the need for countries to take steps to avoid a climate disaster.
유엔은 국가들이 기후 재해를 피하기 위한 조치를 취할 필요가 있음을 강조했다.

⟨편향된 문장⟩

However, most people agree that men are more efficient at work than women.
그러나 대부분의 사람들은 남성이 여성보다 일을 더 효율적으로 한다는 데 동의한다.

→ Although men are more often promoted than women ("Why Men"), some studies suggest that women can be about 10% more productive than men in the workplace (Berman).
남성이 여성보다 더 자주 승진하지만 ("Why Men"), 일부 연구에 따르면 여성은 직장에서 남성보다 약 10% 더 생산적이게 일하기도 한다 (Berman).

어조(tone)가 중요한 이유는 저자의 신뢰도를 높여 주고, 더 설득력 있어 보이기 위함이다.

Checklist

막연한 문장에 내용과 근거 보충하기
근거나 예시를 활용하기
감정적인 표현을 피하기
공격적인 어조를 피하기
민감할 수 있는 표현은 조심스럽게 하기 (혹은 제3자의 관점으로 소개하기)

part 6

학문적 형식 갖추기

대학 에세이와 논문이 중고등학교의 에세이와 다른 이유 중 하나는 스타일 형식(formatting style)을 따라야 하기 때문이다. 형식은 다양하고 분야 혹은 학술 저널마다 선호하는 형식이 있다. 예를 들어, 인문학에서는 MLA, Chicago를 사용하고 이과/공학에 APA를 자주 쓰지만, 이는 교수나 저널마다 달라질 수 있다.

특히, 논문을 쓸 때 저널을 먼저 선정하여 스타일 형식을 확인하고 초안을 준비하는 것을 권장하다. 물론, Endnote이나 Bibtex 같은 기술적 방안은 있지만, 실수가 자주 나타나기에 형식을 어떻게 수정해야 하는지 알고 연습할 필요가 있다.

스타일 형식이 중요한 네 가지 이유가 있다. 첫째는 교수님이 내어주는 과제 분량을 동일하게 학생들에게 적용되어야 하기 때문이다. 학생이 글꼴을 확대하고, 여백을 늘리면 페이지 수를 채울 수 있기에 일정한 글꼴과 여백을 설정할 필요가 있다. 두 번째는 동일한 형식을 갖춘 원고를 읽을 때 내용에 집중하기 더 편하기 때문이다. 세 번째는 학술적인 관습(convention)이기 때문이다. 각 저자마다 다른 스타일을 적용하면 학술 저널이 지저분해 보이고 이해하기 어렵기 마련이다. 마지막으로, 표절 의혹을 방지하기 위함이다.

아직 학생이니 형식을 대충 해도 상관없을 거라고 생각할 수 있지만, 논문 작성에 익숙한 교수님들은 형식적인 문제를 예민하게 알아

차린다. 그리고 이런 형식적 문제가 없는 에세이가 좀 더 신경을 써서 작성한 과제로 보이게 된다. 사람의 첫인상이 중요한 것처럼 글의 형식을 잘 갖춘 에세이는 좋은 인상을 남겨 더욱 잘 작성된 에세이처럼 보이게 한다.

대학원 논문 작성에서는 더욱 형식이 중요해진다. 학술 저널 에디터는 내용뿐만 아니라, 전체적인 형식과 모습을 가꿔야 하는 담당자로서 되도록 최대한 완성본과 같은 원고를 받고 리뷰어 학자들에게 보내길 선호한다. 형식부터 고쳐야 할 것이 많아 보이는 원고는 내용이 훌륭해도 에디터에게 부담을 주는 것이 사실이다. 따라서 저널 사이트에 명시한 〈저자를 위한 지침(instructions for authors)〉을 따르는 것이 중요하다.

유명한 형식을 여기서 가르칠 수 없는 이유는 기관마다 형식을 몇 년마다 수정하기 때문이다. 한 번 배웠다고 해서 영원히 바뀌지 않는 것이 아니다. 따라서 어떻게 하면 빠르게 형식을 습득하고 적용할 수 있을지 소개해 본다.

6-1
에세이 형식

먼저, 인용 형식을 다루기 전, 원고에 적용되는 형식적인 지침이 있다. 물론 각 형식의 지침을 확인할 필요가 있지만, 전반적으로 아래 요소가 있다.

- Font (글꼴): Times New Roman
- Font size (글꼴 크기): 12
- Margins (여백): 1 inch (2.54cm)
- Indent (들여쓰기): 0.5 inches (1.27cm)
- Hanging indent (내여쓰기): 0.5 inches (1.27cm)
- Spacing (줄 간격): Double (이중 간격)
- File format (파일 형식): .doc/.docx 혹은 .pdf (한글 .hwp 제외)

형식마다 예시 에세이(sample paper)를 찾아서 참고하면 된다. 혹은 담당 교수님께 예시 보고서나 형식을 보내 주실 수 있는지 여쭤보는 것도 좋은 방법이다.

6-2
인용 형식

제4장에 학술 에세이에서 근거의 중요성을 다뤘는데, 이를 인용하는 형식이 따로 있다. 크게 MLA, Chicago, 그리고 APA이다. 가장 흔한 책과 논문 형식을 보게 되는데 이때 분류되는 두 가지 요소가 있다. (다른 형태의 자료가 있지만, 이를 따로 검색하면 된다.)

- ㄱ In-text citation or footnotes/endnotes (에세이 내 인용 제시, 각자/미주)
- ㄴ Bibliography/Works Cited/References (에세이 마지막에 참고 문헌)

에세이 내 인용 제시는 문헌의 쪽, 어떤 문헌을 참조했는지 명기해주며, 더 자세한 내용은 참고 문헌에 표기한다.

다시 말해, 인용한 자료를 상세하게 표시해야 표절 의심을 방지하고 독자의 신뢰도를 얻을 수 있다. 저자가 지어낸 이야기가 아니라, 공적으로(public space) 찾을 수 있는 자료에 기반한 논의이기에 설득력을 가질 수 있다.

MLA

MLA 인용 예시는 아래와 같다. (모든 예시 출처: Purdue OWL)

> ㉠ In-text citation
>
> Wordsworth stated that Romantic poetry was marked by a "spontaneous overflow of powerful feelings" (263).
>
> Romantic poetry is characterized by the "spontaneous overflow of powerful feelings" (Wordsworth 263).

여기서 분석할 수 있는 것은 저자의 이름이 문장 내에 명시될 경우 페이지만 괄호 안에 표시하도록 한다는 것이다. 만일, 인용구에 이름이 명시되지 않았다면 이름과 페이지를 모두 표시한다.

> ㉡ Works Cited
>
> Henley, Patricia. *The Hummingbird House*. MacMurray, 1999.

MLA의 경우, 출판 도시를 명시하지 않은 경우가 대부분이다.

만약에 아래 서적을 MLA 형식대로 ㉠ in-text citation과 ㉡ Works Cited 표기하고 싶으면 아래와 같을 것이다.

〈참고 문헌〉

저자: Peter Dear
책 제목: The Intelligibility of Nature: How Science Makes Sense of the World
발행년도: 2006
발행도시: Chicago
출판사: The University of Chicago Press
페이지 쪽: 33

"Natural philosophy, as we have seen in the cases of Descartes and Boyle, frequently involved considerations of God: God was the fundamental underpinning of everything that existed, so the universe was not simply Nature; it was also God's Creation."

㉠ In-text citation

"Natural philosophy, as we have seen in the cases of Descartes and Boyle, frequently involved considerations of God: God was the fundamental underpinning of everything that existed, so the universe was not simply Nature; it was also God's Creation" (Dear 33).

혹은

> Dear writes, "Natural philosophy, as we have seen in the cases of Descartes and Boyle, frequently involved considerations of God: God was the fundamental underpinning of everything that existed, so the universe was not simply Nature; it was also God's Creation" (33).
>
> ● Works Cited
>
> Dear, Peter. *The Intelligibility of Nature: How Science Makes Sense of the World.* The University of Chicago Press, 2006.

하지만, MLA 지침을 더 자세히 살펴보면 University Press를 "UP"로 줄인다. 수정하면 아래와 같다.

> Dear, Peter. *The Intelligibility of Nature: How Science Makes Sense of the World.* The U of Chicago P, 2006.

여기서는 마침표, 콤마, 기울임, 고유 명사의 첫 글자 대문자 표현에 신경을 써야 한다.

학문적 형식 갖추기

6-2-2)

Chicago style

Chicago style 내 두 가지 형식이 있지만, 여기서는 각주/미주 형식을 살펴볼 것이다.

> ㉠ Footnote/endnote (각주/미주)
>
> 첫 인용
>
> 1. Jack Kerouac, *The Dharma Bums* (New York: Viking Press, 1958), 128.
>
> 그다음 인용
>
> 2. Kerouac, *The Dharma Bums*, 128.
>
> ㉡ References
>
> Kerouac, Jack. *The Dharma Bums.* New York: Viking Press, 1958.

이를 적용한 내용은 아래와 달라진다.

㉠ Footnote/endnote

"Natural philosophy, as we have seen in the cases of Descartes and Boyle, frequently involved considerations of God: God was the fundamental underpinning of everything that existed, so the universe was not simply Nature; it was also God's Creation."[1]

첫 인용

Peter Dear, *The Intelligibility of Nature: How Science Makes Sense of the World* (Chicago: The University of Chicago Press, 2006), 33.

그다음 인용

2. Dear, *The Intelligibility of Nature*, 33.

㉡ References

Dear, Peter. *The Intelligibility of Nature: How Science Makes Sense of the World*. Chicago: The University of Chicago Press, 2006.

여기서도 역시, 콤마와 마침표를 구분할 필요가 있다.

6-2-3)

APA style

> ㉠ In-text citation
>
> According to Jones (1998), "Students often had difficulty using APA style, especially when it was their first time" (p. 199).
>
> She stated, "Students often had difficulty using APA style" (Jones, 1998, p. 199), but she did not offer an explanation as to why.
>
> ㉡ References
>
> Stoneman, R. (2008). *Alexander the Great: A life in legend.* Yale University Press.

이를 적용한 예시는 아래와 같다.

㉠ In-text citation

"Natural philosophy, as we have seen in the cases of Descartes and Boyle, frequently involved considerations of God: God was the fundamental underpinning of everything that existed, so the universe was not simply Nature; it was also God's Creation" (Dear, 2006, p. 33).

혹은

Dear (2006) writes, "Natural philosophy, as we have seen in the cases of Descartes and Boyle, frequently involved considerations of God: God was the fundamental underpinning of everything that existed, so the universe was not simply Nature; it was also God's Creation" (p. 33).

㉡ References

Dear, P. (2006). *The intelligibility of nature: How science makes sense of the world.* The University of Chicago Press.

APA의 차이점은 고유 명사의 첫 글자를 항상 대문자화 하지 않다는 점이다.

6-2-4) 논문 예시

In-text citation은 비슷한 원칙을 따라서, ㄴ 참고 문헌의 예시만 보자. 아래 논문 예시를 사용해 본다.

저자: Nikolaj Schultz
제목: The Climactic Virus in an Age of Paralysis
저널명: Critical Inquiry
특집명: Posts from the Pandemic
발행년도: 2021
Volume: 47
Issue: 2
페이지 범위: 9-12
(인용할 페이지: 9)
DOI: https://doi.org/10.1086/711425

MLA 참고 문헌 예시

Case, Sue-Ellen. "Eve's Apple, or Women's Narrative Bytes." *Technocriticism and Hypernarrative,* special issue of *Modern Fiction Studies,* vol. 43, no. 3, 1997, pp. 631-50. Project Muse, doi:10.1353/mfs.1997.0056.

적용된 형식

Schultz, Nikolaj. "The Climactic Virus in an Age of Paralysis." *Posts from the Pandemic*, special issue of *Critical Inquiry*, vol. 47, no. 2, 2021, pp. 9-12. doi:10.1086/711425.

Chicago 참고 문헌 예시

MacDonald, Susan Peck. "The Erasure of Language." *College Composition and Communication* 58, no. 4 (2007): 585-625.

적용된 형식

Schultz, Nikolaj. "The Climactic Virus in an Age of Paralysis." *Critical Inquiry* 47, no. 2 (2021): 9-12.

APA의 참고 문헌 예시

Scruton, R. (1996). The eclipse of listening. *The New Criterion*, 15(3), 5-13.

적용된 형식

Schultz, N. (2021). The climactic virus in an age of paralysis. *Critical Inquiry*, 47(2), 9-12.

이렇게 예시를 보여 준 이유는 쉽게 찾을 수 있는 예시를 따라서 패턴을 익히기 위함이다. 형식 내 패턴을 잘 이해하면 Endnote와 같은 인용 소프트웨어를 사용할 때 실수를 알아차릴 수 있다. 이 외에도 참고 문헌을 알파벳 순위로 정렬하는 것을 볼 수 있고, 같은 저자의 다른 작품 같은 복잡한 사례에 어떻게 해야 하는지 지침을 찾고 따를 수 있어야 한다.

6-3
표절 방지법

마지막으로, 표절 이야기를 남겨야 한다. 많은 학생들이 표절에 대한 큰 오해가 있는데, 이는 고의적으로 하지 않아도 범할 수 있다. 악의성 없이, 인용을 제대로 하지 않은 경우 표절 혐의를 받을 수 있다.

옥스퍼드 대학에 따르면, 표절의 정의는 아래와 같다.

> Plagiarism is presenting someone else's work or ideas as your own, with or without their consent, by incorporating it into your work without full acknowledgment. All published and unpublished material, whether in manuscript, printed or electronic form, is covered under this definition. Plagiarism may be intentional or reckless, or unintentional.
>
> 표절은 다른 사람의 저작물이나 아이디어를 동의 여부에 관계없이 완전히 인정하지 않고 자신의 저작물에 통합하여 자신의 것처럼 제시하는 것이다. 출판되거나 출판되지 않은 모든 자료는 원고, 인쇄본 또는 전자 형식 여부에 관계없이 이 정의에 포함된다. 표절은 의도적이거나 무모하거나 의도하지 않은 것일 수 있다.

표절의 정의는 다른 사람의 말이나 아이디어/주장을 자신의 것으로 제시하는 것이다. 위키피디아에 검색해서 나온 몇 문장을 복사하거나 표현을 살짝 바꾸고 에세이에 추가하는 것도 표절이다. 언론 기사의 내용을 표현을 살짝 바꾸고 에세이에 넣는 것도 표절이다.

위에 정의를 보면, 중요한 구절이 있다. 이는 "without full acknowledgement"(완전히 인정하지 않고)이다. 즉, 인용을 제대로 한다면 같은 내용을 사용하더라도 표절이 아니다. 그 자료나 정보를 어디서 가져왔는데 명시하면 표절이 아닌 것이다.

요새 표절을 인식할 수 있는 소프트웨어가 좋아졌기에 조금이라도 표절 혐의를 받지 않는 학생이 되었으면 한다. 일차적인 피해자는 저자가 된다. 한 번 표절 혐의를 받은 사람은 독자의 신뢰를 다시 얻기 어렵다.

대학원 과정은 학부 때와 달리 교수님에게 지식을 전달받고 학습하는 것을 넘어서, 지식의 생산자로 성장하는 것이 요구된다. 이를 위해 연구를 진행하며, 이 과정에서의 새로운 의견이나 발견(findings)을 논문으로 작성하고 정리하는 것이 필요하다. 만약에 학부 때 에세이를 쓰는 경험이 조금이나마 있으면 그래도 논문의 모양과 형식을 익힐 수 있는데, 이런 경험이 없다면 논문의 기본 분량을 채워야 할 뿐만 아니라 논문의 모양새까지 가꾸는 일이 새롭게 다가올 수 있다.

part 7

논문에 대한 기본 지식

7-1
논문과 에세이의 차이점

논문과 에세이 사이의 다른 점이 많지만, 학생에게 다가오는 큰 차이점에는 몇 가지 있다.

❶ 일단 논문의 분량은 수업 에세이보다 훨씬 길다. 인문사회과학 분야에 대부분의 저널은 최소 6,000단어를 요구하고 때로 8,000-10,000단어를 요구한다. 이과에는 보통 3,000-5,000단어를 요구한다. 이는 이과에서는 그림(figure)과 표(table)가 추가되어야 하기 때문이다. 이중 간격으로 에세이의 평균 길이는 장당(페이지당) 500단어다.

❷ 최종(final) 독자는 관계성이 있는 교수님이 아니라, 모르는 학계 공동체(community) 및 전문가들이다. 따라서 논문의 내용과 저널에서 다루는 주제와의 관련성이 더 중요해진다.

❸ 논문 주제는 어떤 경우에 지도 교수님이 정해 주기도 하지만, 학생이 스스로 주제를 잡고 의미 있는 입장/발견(findings)을 찾아내야 한다.

❹ 에세이는 교수님이 읽고 성적으로 평가한다면, 논문은 저널에 발간됨으로써 많은 학자들이 접근할 수 있게 된다. 또한 저널의 편집 위원회가 시간과 재산(물질)을 투자해서 수정하고 발간한다. (어느 정도 인지도 있는 저널은 저자에게 비용을 지불하도록 하지 않는다.) 즉, 논문은 경제적인 투자가 들어가서 발간된다.

❺ 에세이는 제출하면 끝나지만, 논문은 짧게는 수개월 이상의 수정(revision)과정을 거쳐야 한다. 게재될 수 있는 모습을 갖출 때까지 내용과 문법과 형식까지 잘 다듬어야 한다.

❻ 에세이는 성적으로 평가되지만, 논문은 거절되는 경우가 많다. 이는 논문 시장의 높은 경쟁으로 인한 것이다.

7-2 저널 편집장의 마음 읽기

저널 편집장은 수업 교수님과 달리 학생들을 지도하고 관리할 의무가 있다기보다, 의미 있고 관련성 있는 연구 내용을 전문성을 갖춘 독자들에게 전달해야 하는 책임이 있다. 인지도가 상대적으로 낮은 저널도 게재할 수 있는 분량보다 훨씬 많은 투고량을 받는다. 저널을 책

임지게 될 때 우선적으로 리뷰어인 전문가들과 좋은 관계성, 학계 시장에 살아남고 퀄리티 높은 논문을 게재하는 것이 우선적이다. 시간과 재산(물질)을 아껴야 하니, 각 저자에게 거절한 후 피드백을 주지 못 할 때도 있다.

투고된 논문을 보면, 의미 전달이 명확하게 잘 되고, 직설적인 어조(tone)를 선호한다. 이런 내용이 초록과 서론부터 빠르게 나와야 논문의 가치를 평가할 수 있다. 또한 형식이든 문법이든 구조든 크게 손댈 필요 없어 보이는 논문을 선호하고, 논문의 퀄리티에 따라 저자의 열심과 신뢰도에 좋은 인상을 주게 된다. 그렇다고 해서 accept될 것이란 보장은 없지만, 저자 입장에 이런 기준을 당연시 여겨질 때까지 단련이 되어야 한다.

또 한편으로, 논문을 읽고 수정하고 인쇄하는 비용과 시간 투자는 저널이 부담할 때가 많다. 그러나 게재된 논문의 성과는 온전히 저자에게 주어진다.

7-3
논문 작성 팁

    이전 장을 살펴보면 논문 작성의 기본 원리는 크게 다르지 않다. 기본적으로 저자가 전달해야 하는 내용은 아래와 같다.

❶ 논문의 주제가 무엇인가? (분야 및 세부 분야)
❷ 이 주제가 왜 유의미하고 필요성이 있나? (relevance)
❸ 논문에서 이 주제와 관련된 새로운 견해나 입장이 무엇인가?
   (기여, contribution)

    보통 연구할 때 1번에 나온 주제를 문헌 조사 등을 통해 공부하고, 최근 흐름을 파악한다. 2번 관련해서 왜 연구자들이 이 주제에 관심이 있는지 파악해 본다. 3번이 어느 정도 형성될 때까지 논문을 작성하는 사전(이전) 단계다.

    분야마다 팁이 있겠지만, 공통적인 팁을 드리고자 한다.

1) 저자는 주제에 관심이 있어야 하고 필요성을 알아야 한다.
    때로 교수님들이 이 주제에 대해 자주 연구하고 논의하는 것을 보면 필요성이 있다고 볼 수 있다. 그러나 학생이 별도로 그 주제에 관심이 있어야지 연구를 꾸준히 할 수 있다. 연구한 대부분의 분량이 논문에 들어가지 않기에, 학생이 정말 관심이 없으면 이게 더욱 수고스럽고 손해 본다고 느낄 수 있다. 또한 연구나 실험에 실패가 있을 수 있고, 논문이 결국에 거절될 수 있기에, 최소한 관심이 없으면 이를 받아들이기 어려울 수 있다.

가끔 본인만 관심이 있고, 다른 학자들이나 연구자들에게 왜 필요성이 있는지 모르면 아무리 훌륭한 논문을 작성하더라고 저널 편집위원회가 이를 꼭 게재해야 하나 고민이 될 수 있다.

2) 여러 저널에 투고할 만한 주제를 연구한다.

분야마다 저널이 범위가 다양하지만, 만약에 주제를 너무 세밀하게 잡으면 투고할 수 있는 저널이 줄어든다. 반대로 내가 잡은 주제에 관심 있는 저널이 많을수록 거절을 당해도 또 다른 저널에 투고할 수 있다. 이를 위해 분야 주제만 연구할 뿐만 아니라, 학술 저널 시장도 연구할 필요가 있다. 요새 어떤 논문이 잘 게재되고 어떤 특집이 잡히는지 파악해 볼 필요가 있다.

3) 트렌드의 흐름을 파악해 본다.

저널에 지난 몇 년간 특정한 주제로 논문이 많이 게재되었다고 해서 앞으로 계속 그럴 보장은 없다. 뉴스나 기술의 발전이나 사기업 투자의 소식을 따르면서 앞으로 일어날 트렌드를 예상할 수 있어야 한다. 사회적인 문제든, 기술적인 관심이든 분야에 따라 학계 외에 흐름을 잘 파악하는 것이 중요하다. 일시적인 트렌드가 아니라, 앞으로 장기적으로 영향을 미칠 듯한 변화에 예민해지면 관련 분야 연구에 방향을 잡는 것에 도움이 될 수 있다.

4) 논문 작성 전에 투고할 만한 저널을 먼저 살펴본다.

저널 후보를 먼저 선정하는 이유는 명시된 목표와 범위(aims and scope)와 독자층(readership)에 맞춰서 논문을 작성하는 것이 더 수월하기 때문이다. 저널 편집위원회가 무엇에 관심이 있는지 잘 알고 있어야 논문에 이를 잘 살릴 수 있다. 또한 형식을 미리 알고 있으면, 나중에 수정하는 시간을 줄일 수 있다. 저널의 리뷰어들을 살펴보면 어떤 분야에 일하는지, 어떤 연구에 관심이 있는지 미리 알아볼 수 있는데, 이런 정보를 잘 활용하면 논문 작성에 도움이 될 수 있다.

5) 인용 형식을 최대한 잘 따른다.

논문을 제출하기 전, 〈저자를 위한 지침(instructions for authors)〉을 자세히 살펴볼 필요가 있다. 이를 단순한 제안(suggestions)이 아닌 지침(instructions)으로 받아들여야 한다. 단순히 논문의 훌륭한 내용으로 형식 같은 사소한 문제가 면제(waive)된다고 생각해서 안 된다. 형식은 기본적으로 저자가 지침을 따를 수 있는 협조적인 연구자임을 보여 준다. 이런 사소한 문제로 거절당할 틈을 주지 말자.

6) 초록과 서론부터 주장과 기여를 명확히 말해 준다.

  이 책에 계속 다뤘던 내용이지만, 논문 첫 몇 장 이내 핵심적인 주제와 주장을 발견할 수 있어야 한다. 또한 키워드(key words)와 표지(cover letter)에서 이런 기여와 입장을 잘 드러내야 한다.

7-4
논문 투고 시 checklist

기본

서론과 초록부터 주장(argument)과 관련성(relevance)이 잘 들어난다	
논문 내용과 논문 제목이 일치한다	
논문이 투고할 저널과 목표와 범위 맞다	
저자 기본 정보가 입력되었다 (blind review 경우, 저자 정보 제외한다)	
참고 문헌 중에 지난 5년 (이과)/10년 (인문학)에 발간된 자료가 충분히 있다	

구조

독자가 이해하기 편한 구조를 갖췄다	
선행 연구/이론은 앞부분에 다룬다	
선행 연구/이론을 요약했을 뿐만 아니라, 논문 주제와 목적과 연결시켰다	
결론은 논문 내용을 반복/요약할 뿐만 아니라, 주요 내용과 관련성을 상기시켰다	
대부분의 문단은 통일성과 균형이 있고, 너무 장황하거나 짧지 않다	

실험/분석/설문 조사 등에 들어가기 전 뚜렷한 목표과 그의 관련성을 제시한다	
수정 단계에 "왜 이런 내용이 나오지" 질문이 되는 부분이 적거나 없다	

형식

참고 문헌과 in-text/footnote/endnote 인용이 저널이 명시한 형식과 맞다	
형식대로 콤마와 마침표와 대문자를 잘 구분했다	
형식대로 여백을 맞췄다	
형식대로 간격을 맞췄다 (예: 이중 간격)	
형식대로 들여쓰기를 맞췄다	
참고 문헌에 형식대로 내어쓰기를 맞췄다	
전반적으로 문서가 일정한 간격/여백/형식을 갖췄다	
(이과) 필요시 각 줄 (line)마다 번호를 매겼다	
형식대로 미국식/영국식 영어 교정했다	
불필요한 대문자를 사용하지 않았다 (선행 연구 참조)	
(사용 시) 이해하기 쉬운 고화질 figure 준비했다	
저널의 명시 따라 figure를 원고를 분리/포함해서 첨부했다	
표절 혐의 받을 수 있는 부분이 없다	

문법

"So," "But" 그리고 "And"로 시작되는 문장이 적거나 거의 없다	
상당 부분이 수동태보다 능동태로 쓰였다	
아주 짧은 문장들이 적거나 거의 없다	
문장 내에 과도하게 명사가 많지 않다	

| 결론 |

   한국인으로서 영어로 에세이나 논문을 작성하는 것이 큰 태산으로 느껴질 수 있다. 영어가 익숙하지 않고 영어가 능숙하더라도, 학문적 에세이 쓰기에 적합한 형식을 갖추고, 이에 대한 요령을 습득하는 데에는 다소 시간이 걸리고 지도와 제안이 필요하다. 사실상 영어 에세이나 영어 논문 작성은 혼자서 책만 보고 배울 수 있는 한계가 있기에 반드시 섬세하고 솔직한 독자의 피드백이 필요하다.

   이 책을 쓴 목적은 최대한 많은 학생이 영어 에세이 작성에서의 자기 약점을 인지하고, 이를 해결할 수 있는 가이드를 제공하기 위함이다. 어디부터 어떻게 에세이를 써야 할 줄 모르면 처음 시작부터 위축이 들고, 작성에 큰 어려움을 느껴 단순히 한글로 글을 쓰고, 단순히 범용적인 한영 번역을 이용하여 글을 완성하는데 급급할 수 있다. 여러분이 이 책을 참조하면서 시간과 노력을 절약하고, 보다 더 빠르게 실용적인 영어로 에세이 쓰기 능력을 성장시켰으면, 그 성장에 이 책이 도움이 되길 바란다.

   영어 에세이 작성법에 익숙해지면 어느새 연구와 탐구하는 과정에서 재미를 느낄 수 있다. 많은 학자들과 글을 매개로 의논하는 과정을 통해 여러분의 논문은 보다 더 나은 결론에 도달할 수 있다. 영어 에세이 작성법의 요령과 기술을 습득하면 저자가 하고자 하는 이야기, 전달하고 싶은 내용에 집중할 수 있다는 가장 큰 장점이 있다. 본 책이 영어 글쓰기를 통한 자기 의견 전달의 좋은 지침서가 되기를 바란다.